Dieta dos Casais

PATRICIA DAVIDSON HAIAT

Dieta dos Casais

Um plano completo para emagrecer a dois e com saúde

Baseado nos princípios da Nutrição Funcional

SEXTANTE

Este livro é uma obra de referência e não um manual médico. As informações nele contidas têm o objetivo de ajudar o leitor a tomar decisões conscientes sobre sua saúde. O propósito desta publicação não é substituir tratamentos nem orientações de profissionais da área médica. Caso você suspeite de que tem um problema de saúde, nós o aconselhamos a consultar um médico. Além disso, busque a orientação desse profissional antes de tomar qualquer medicamento. A autora e a editora não se responsabilizam por quaisquer efeitos colaterais que possam resultar do uso ou da aplicação das informações aqui apresentadas.

redação e edição: Clarissa Oliveira, Gabriela Javier e Nana Vaz de Castro

preparo de originais: Melissa Lopes Leite

coordenação editorial: Virginie Leite

revisão: Hermínia Totti e Juliana Souza

capa, projeto gráfico, pesquisa iconográfica e diagramação: Ana Paula Daudt Brandão

fotos de capa: Alexander Landau (frente) e Manuela Alves (4ª capa)

produção da foto de capa (frente): Norma Lima

produção e fotos das receitas: Manuela Alves (pp. 106-107, 163, 168, 170, 171, 172, 173, 175, 178, 180, 182, 184, 185, 186, 188, 189, 190, 191, 192, 194, 196, 197, 198, 199, 202, 206, 209, 210 e 211)

fotos dos casais: Vitor Fernandes (pp. 15, 42-43, 64-65, 92-93, 134-135 e 156-157)

outras fotos de miolo: Shutterstock

tratamento de imagens: Trio Studio

impressão e acabamento: RR Donnelley

CIP-BRASIL. CATALOGAÇÃO NA PUBLICAÇÃO
SINDICATO NACIONAL DOS EDITORES DE LIVROS, RJ

H171d Haiat, Patricia Davidson
Dieta dos casais / Patricia Davidson Haiat. Rio de Janeiro: Sextante, 2015.

224 p.: il.; 21 x 25 cm.
Inclui índice
ISBN 978-85-431-0283-2

Nutrição. 2. Alimentos funcionais. I. Título.

15-26900 CDD: 612
CDU: 612

GMT Editores Ltda.
Rua Voluntários da Pátria, 45 – Gr. 1.404 – Botafogo
22270-000 – Rio de Janeiro – RJ
Tel.: (21) 2538-4100 – Fax: (21) 2286-9244
E-mail: atendimento@sextante.com.br
www.sextante.com.br

Sumário

INTRODUÇÃO: Por que os casais engordam juntos e como podem emagrecer unidos 9

PARTE 1: NUTRIÇÃO E SAÚDE 21

CAPÍTULO 1: Necessidades distintas, objetivos semelhantes 23

As necessidades das mulheres 24

As fases da vida e o corpo da mulher 25

O fator hormonal 28

O fator psicológico e o papel das emoções 28

Para atingir suas metas, a mulher deve... 31

As necessidades dos homens 32

Para atingir suas metas, o homem deve... 34

Definindo metas – Da motivação à ação 36

Diário alimentar 36

Metas 38

O CASAL NA VIDA REAL: Ana Paula & Gustavo 42

CAPÍTULO 2: Por que engordamos? 47

Hábitos que engordam 47

O círculo vicioso do estresse 48

Sono – Um grande aliado para o peso saudável 50

A ameaça salgada 53

Toxinas – O inimigo oculto 55

Muito além dos hábitos – Fatores metabólicos 55
A microbiota humana 56
Intolerância alimentar 61
O CASAL NA VIDA REAL: Bárbara & Leonardo 64

PARTE 2: O PLANO ALIMENTAR 69

CAPÍTULO 3: O plano alimentar para casais 71
Alimentos funcionais por faixa etária e gênero 75
Conheça os grupos alimentares incluídos na Dieta dos Casais 78
Fase 1: Descobrimento 81
Fase 2: Compromisso 83
Fase 3: Fidelidade 88
O CASAL NA VIDA REAL: Luana & Luiz Maurício 92

CAPÍTULO 4: Alimentos funcionais 97
Frutas 97
Legumes e verduras 102
Raízes e tubérculos 104
Fontes de proteína vegetal 108
Fontes de fibras 110
Fontes de boas gorduras 111
Condimentos 113
Fontes de proteína animal 119

CAPÍTULO 5: Ferramentas para garantir o sucesso 123
Preparados para vencer 123
Limpando e organizando a cozinha 124
Missão compras – Muita atenção no supermercado 126
Dicas para as compras: 126
Arrumando a geladeira e a despensa 129

Cardápios semanais 131
Modelo de cardápio semanal 131
A importância dos exercícios físicos e a melhor maneira de encaixá-los na rotina 132
O CASAL NA VIDA REAL: Natalia & Rafael 134

CAPÍTULO 6: Como lidar com as dificuldades e superar desafios 139
OBSTÁCULO Nº 1: Crianças em casa 139
OBSTÁCULO Nº 2: Falta de força de vontade e motivação 143
OBSTÁCULO Nº 3: Fome e outros efeitos fisiológicos 146
OBSTÁCULO Nº 4: A vida social 147
OBSTÁCULO Nº 5: Monotonia 151
OBSTÁCULO Nº 6: Boicote e autossabotagem 152
OBSTÁCULO Nº 7: Falta de progresso ou incapacidade de percebê-lo 153
O CASAL NA VIDA REAL: Carla & Vitor 156

PARTE 3: RECEITAS PARA OS CASAIS 161
Bebidas 162
Pratos principais 170
Acompanhamentos 195
Sobremesas 205

Conclusão 213
Dúvidas frequentes 215
Índice de receitas 221
Agradecimentos 223

INTRODUÇÃO

Por que os casais engordam juntos e como podem emagrecer unidos

Muita gente diz que felicidade engorda. É claro que isso não é verdade! Mas não podemos negar que o início de um relacionamento é (literalmente) um prato cheio para exageros, sobretudo gastronômicos, que muitas vezes levam ao aumento do peso. É a fase dos intermináveis chopinhos com belisquetes e dos jantares especiais, com mil entradinhas, vinho, sobremesas...

O tempo passa, a lua de mel vai ficando para trás e as dificuldades usuais dos relacionamentos entram em cena: a rotina e a tensão do dia a dia, a preocupação com trabalho e despesas, a chegada dos filhos. Não faltam desculpas para o casal descuidar da alimentação. Seja por falta de tempo ou organização, seja por orçamento apertado ou mesmo pouca paciência, o jantar romântico vai dando lugar a algo improvisado devorado no sofá, em frente à televisão. A praticidade dos alimentos industrializados, carregados de substâncias tóxicas e calóricas, acaba afastando o casal dos ingredientes frescos e saudáveis. Além de engordar, a alimentação desregrada debilita o organismo, diminuindo a energia e deixando o casal mais suscetível ao estresse, à depressão e a diversos outros males.

No lugar da tal felicidade que engorda aparece uma insatisfação que muitas vezes é ilusoriamente compensada com... comida. E a gente sabe onde isso vai dar: naquele círculo vicioso infernal que a maioria das pessoas conhece bem. O peso aumenta, a autoestima despenca, a saúde sofre, a energia vai para o chão, o humor dá aquela piorada, a paciência vai para o espaço, começam as cobranças e alfinetadas, e, de

repente, o relacionamento já não é mais o mesmo. Então, corre-se para a comida, em busca de conforto, o peso continua subindo e a saúde, piorando.

Infelizmente, cansei de receber no consultório tanto mulheres quanto homens que caíram nesse beco aparentemente sem saída. A boa notícia é que em algum momento eles reconheceram a importância de tomar as rédeas da saúde e reverter o quadro. A minha intenção com este livro é oferecer os mesmos recursos da Nutrição Funcional que ofereço a meus clientes, com o diferencial de que esse plano, testado em laboratório, foi feito para ser executado a dois e foi personalizado de acordo com a minha experiência.

Estudos indicam que pessoas que contam com o apoio de um amigo na hora de iniciar um programa de reeducação alimentar obtêm mais sucesso a longo prazo. E quem melhor para apoiar você do que o seu parceiro ou a sua parceira? Emagrecer a dois é muito mais fácil e prazeroso do que tentar embarcar nesse desafio sozinho. Juntos, vocês podem transformar maus hábitos em virtudes. Por exemplo, em vez de rebater um dia difícil com chocolate e novela, que tal uma caminhada juntos no fim da tarde, seguida do preparo de uma receita saudável pesquisada a dois em livros de culinária ou na internet?

Emagrecer juntos pode ser uma bela maneira de recuperar a cumplicidade que uniu o casal no começo da relação. Encarar a dois um planejamento estruturado para melhorar a saúde, resgatar a autoestima e trazer de volta o prazer da boa comida é uma ótima forma de reaproximar cônjuges ou namorados, valorizando o cuidado um com o outro e estimulando a dupla a caminhar de mãos dadas rumo a um futuro mais feliz. E mais saudável, claro.

Definir metas e planejar uma dieta juntos sempre produz uma motivação maior. O apoio da cara-metade ajuda muito nos momentos em que você tem vontade de desistir e trocar uma pedalada por um cheeseburger com batata frita. Com um objetivo comum, as decisões sobre o que comprar no supermercado, como preparar uma refeição saudável ou onde o casal vai jantar se tornam mais fáceis, e o desafio do emagrecimento fica menos penoso. O apoio mútuo ainda tem o benefício extra de fortalecer a relação, dando sabor especial às vitórias comuns, por menores que sejam.

Certo, parece muito fácil falar, não é? Se você faz parte do enorme grupo de pessoas que já tentaram várias dietas sem sucesso deve estar achando que tudo só é muito bonito na teoria. Mas como ficam os obstáculos do mundo real? Talvez você ache seu parceiro preguiçoso demais para encarar o desafio. Ou tema que a rotina e as preferências alimentares de vocês sejam tão desconectadas que um plano eficaz de dieta para os dois pareça inviável. É capaz de duvidar que algo que já é difícil a sós seja viável tendo que contar com a participação de outra pessoa. As dúvidas e os receios são muitos e são comuns.

Como nutricionista, acompanhei centenas de casais e conheço bem os desafios de perder peso em dupla. As mulheres tendem a pensar de um jeito, os homens reagem de outro, e cada um tem necessidades específicas. Tudo isso será abordado no próximo capítulo. A jornada para mudar hábitos e perder peso não é fácil, mas feita em dupla ela se torna bem mais prazerosa, pode acreditar. Cumprir o percurso a dois traz vantagens consideráveis e pode fazer dessa busca algo muito estimulante. Se ambos se comprometerem a perder peso e ganhar saúde, unir forças é a melhor estratégia. Compartilhar a meta do bem-estar com a pessoa amada só traz benefícios, para a cintura e para a relação. Mais que isso: **a parceria nessa luta que**

DIETA PARA CASAIS – O QUE DIZEM OS ESTUDOS

Estudos feitos por profissionais de áreas tão diversas como medicina, nutrição e psicologia concordam que a perda de peso é mais eficaz quando há suporte de um parceiro. O apoio ao longo do processo mantém a motivação nos momentos difíceis e contribui para a mudança de hábitos, bem como para novas rotinas que facilitam a boa forma. Segue abaixo um apanhado das evidências:

- Um estudo com mais de 6 mil casais americanos, acompanhados por duas décadas, demonstrou que, para uma série de comportamentos bons ou ruins, a mudança em um membro do casal influenciou o comportamento do outro. Por exemplo, quando o marido se tornou obeso, a probabilidade de a mulher ficar obesa aumentou em quase 50%.

- Na Austrália, pesquisadores acompanharam 39 casais durante 16 semanas num programa desenvolvido especificamente para mudar hábitos alimentares e aumentar a frequência de atividade física. Eles descobriram que os casais que modificaram seus hábitos em conjunto tiveram mais sucesso que aqueles que mudaram os hábitos individualmente. Uma descoberta ainda mais animadora do mesmo estudo é que os resultados positivos foram mantidos após um ano da conclusão do programa, atestando o efeito dessa parceria a longo prazo.

- Recentemente, um ensaio randomizado de quase 2 mil mulheres com sobrepeso confirmou a conclusão do estudo australiano, com resultados impressionantes: nesse caso, o envolvimento do parceiro contribuiu para **dobrar** a perda de peso alcançada pelas mulheres.

- A mesma eficácia dos casais se comprova na adesão aos exercícios físicos. Um estudo comparou casais que se exercitam juntos e aqueles que malham sozinhos. A desistência no primeiro grupo foi infinitamente menor: apenas 6% pararam de se exercitar, contra 43% dos que malhavam separadamente.

parece tão difícil aumenta – e muito – as chances de sucesso a longo prazo, que é, afinal, o que todos querem. Esse resultado é comprovado em estudos e também na minha experiência de consultório.

Ao final de alguns capítulos, vocês encontrarão depoimentos de pessoas que fizeram a Dieta dos Casais. Ali conto um pouco sobre como foi a jornada de cada dupla, do ponto de vista da nutricionista, e eles mesmos falam sobre os obstáculos, as principais mudanças e as maiores conquistas, explicando como foi seguir o plano alimentar que proponho neste livro.

Para facilitar a adesão ao programa, incluo ainda várias receitas que ajudarão o casal a organizar sua rotina alimentar. São as receitas favoritas dos meus clientes, para todas as fases do programa – de águas aromatizadas a coxinhas fit, passando por shakes funcionais, sopas detox e até sobremesas deliciosas.

Este livro será a ferramenta para que vocês consigam emagrecer juntos de forma saudável e sustentável. Espero que você e seu parceiro estejam prontos para esse desafio e que me permitam servir de guia para essa transformação. Prometo que valerá a pena.

Nutrição Funcional – Uma fórmula personalizada para a saúde a longo prazo

Há um consenso de que para perder peso basta consumir menos calorias do que se gasta. No entanto, pesquisas recentes em nutrição e medicina sugerem que essa é uma maneira simplista e incompleta de se encarar a questão. Alimentar-se é muito mais do que uma simples equação, e a mesma dose de calorias pode ter

efeitos diferentes no nosso organismo, dependendo da qualidade dos nutrientes envolvidos. Muito mais do que combustível, a comida afeta o corpo como um todo, do metabolismo ao humor, que, por sua vez, afeta nosso apetite. É preciso levar em consideração o valor nutricional dos alimentos, o poder de saciedade da refeição e os ingredientes (naturais e artificiais) que podem gerar alergias ou intolerâncias, além da individualidade de quem está comendo.

Na maioria dos casos, quem procura uma dieta tem como objetivo principal emagrecer. Mas, ao longo dos anos atendendo pacientes com esse objetivo, fui cada vez mais entendendo a importância de enxergar muito além da diminuição das medidas e do reencontro com aquela calça jeans da década passada. A estética é muito importante, e emagrecer ajuda a recuperar a autoestima e injeta ânimo em quem consegue alcançar essa meta, colaborando para um upgrade geral na vida da pessoa. Mas isso só vale se for sustentado a longo prazo. O programa proposto neste livro parte de um processo amplo, em que **a perda de peso vem acompanhada de mais bem-estar, para que as novas rotinas durem a vida toda**.

A Nutrição Funcional se baseia nas informações fisiológicas e bioquímicas do corpo humano, levando em conta a relação que existe entre todos os seus sistemas com os nutrientes. Parece complicado, mas na essência é bem simples: o trabalho da Nutrição Funcional é basicamente entender do que o seu corpo precisa e quais os alimentos que vão ajudar a mantê-lo saudável, afastando os que o prejudicam, com o objetivo de nutrir as células e proporcionar um maior bem-estar global.

Partindo do princípio de que cada ser humano é único, graças aos trilhões de células que compõem o nosso organismo, a Nutrição Funcional investiga as necessidades específicas de nutrientes de que essas células precisam para que o corpo funcione no seu mais alto potencial. Quando o organismo carece de nutrientes ou encontra-se intoxicado, vários sintomas se manifestam: depressão, enxaqueca, TPM, queda de cabelo, olheiras, celulite, excesso de peso, intestino preso, etc. Essa abordagem procura mapear os nutrientes especificamente benéficos ou prejudiciais ao paciente, direcionando sua alimentação num programa personalizado, buscando restaurar a comunicação saudável das células. Assim, a famosa frase "você é o que você come" dá lugar a "o que você come deve estar em sintonia com quem você é".

O tratamento com um nutricionista funcional começa com uma consulta longa, e o profissional investiga os sintomas e as queixas, bem como o histórico do paciente e de seus parentes próximos. O período gestacional, a via de nascimento e a alimentação na primeira infância podem desencadear desequilíbrios que afetam a pessoa até a vida adulta. Tratamentos envolvendo antibióticos e outras drogas, bem como traumas emocionais, também podem impactar o organismo. Além dos dados clínicos, existem testes para detectar não só as intolerâncias alimentares, mas também os nutrientes, minerais e metais tóxicos presentes no corpo. Exames de sangue com mapeamento genético também ajudam a montar o quebra-cabeça, identificando alimentos adequados ou nocivos para cada pessoa. Essa investigação minuciosa é surpreendente, pois não imaginamos que itens que consumimos rotineiramente possam ser culpados por uma dor constante no joelho ou pela queda de cabelo.

A minha missão como nutricionista funcional é fazer com que as pessoas melhorem não somente a aparência física, mas o funcionamento do corpo como um todo. Como não tenho o histórico familiar de vocês nem os exames que peço aos clientes que me procuram na clínica, o plano que proponho aqui envolve, em primeiro lugar, um exercício de autoanálise, para que cada membro do casal reconheça suas necessidades tanto físicas quanto emocionais.

Na primeira parte, explico que homens e mulheres têm desafios diferentes, mostro como podem traçar metas juntos e como fazer pequenos ajustes no estilo de vida

para facilitar a perda de peso. Sugiro que o casal dedique uma semana a essa leitura e que reflita antes de partir para a ação. Essa etapa é muito importante, pois é árduo embarcar numa mudança de hábitos, e quanto mais vocês se conhecerem, mais tranquilo será o processo.

O plano alimentar tem três fases e começa eliminando a proteína animal (de digestão mais difícil), os condimentos artificiais e o glúten. Nessa primeira semana, vocês se alimentarão com refeições deliciosas compostas por proteínas vegetais, fibras e boas gorduras, além de shakes e chás funcionais, feitos sob medida para cada membro do casal de acordo com sexo e idade. A meta desses primeiros 7 dias é turbinar o organismo com uma injeção de nutrientes e alimentos que beneficiam o sistema digestivo, incentivando-o a eliminar toxinas e gorduras. No laboratório de casais conduzido durante a elaboração deste livro, registramos perdas de até 5 quilos na Fase 1.

Na segunda fase, as proteínas animais voltam, com moderação, mas o foco continua sendo em alimentos funcionais – aqueles que, além das funções nutricionais básicas, produzem efeitos metabólicos e/ou fisiológicos benéficos para o organismo –, de origem vegetal e boas fontes de gorduras e fibras. A duração dessa fase é variável, e vai até cada membro do casal atingir suas metas individuais – espera-se que a perda por pessoa seja de 1 a 2 quilos por semana.

MAGROS E SAUDÁVEIS PARA SEMPRE

Os principais fatores ligados à perda de peso bem-sucedida são:

1. **TER OBJETIVOS DEFINIDOS**
   No Capítulo 2, o livro oferece ferramentas para diagnosticar problemas individuais e, a partir daí, traçar metas realistas para o casal.

2. **SEGUIR UM PLANO ALIMENTAR BEM ESTRUTURADO**
   Como vocês verão no Capítulo 3, o programa alimentar para casais tem três fases bem delimitadas, cada uma com objetivos e regras claros e bem definidos.

3. **PERDER PESO LOGO NO INÍCIO DO PROGRAMA EM RESPOSTA ÀS PRIMEIRAS MUDANÇAS**
   Na primeira fase do programa, você vai se livrar das toxinas e poderá eliminar até 5 quilos. A expectativa é perder em torno de 1 a 2 quilos por semana na segunda fase.

4. **ORGANIZAR-SE PARA ADERIR AO PROGRAMA**
   Contar com a força de vontade é o mesmo que contar com a sorte. O planejamento é essencial, e no Capítulo 5 guiaremos vocês às melhores práticas para realizar o programa com eficácia e sem estresse.

5. **FAZER EXERCÍCIOS FÍSICOS REGULARES**
   Caso vocês não pratiquem atividades físicas, o Capítulo 5 oferece sugestões de exercícios para fazer a dois ou a sós, seja qual for o estilo de vida do casal.

6. **TER APOIO**
   Esse é o único plano alimentar que conta com o suporte da pessoa mais presente em sua vida: seu cônjuge.

7. **APLICAR TÉCNICAS PARA MODIFICAR O COMPORTAMENTO**
   No Capítulo 6, vamos explorar os principais desafios e armadilhas envolvidos em qualquer mudança alimentar, com dicas para superar as dificuldades e adotar a alimentação saudável como estilo de vida – para sempre.

A terceira fase, não menos importante que as anteriores, é a manutenção. Uma das vantagens do plano alimentar para casais é a sustentabilidade a longo prazo. Ou seja, não tem o risco do temido efeito sanfona. "Ah, mas todas as dietas prometem isso", você deve estar pensando. Acontece que, com outras dietas, como a de redução calórica ou a de proteínas, a bioquímica do corpo não é alterada para melhor. Ou seja, uma vez que se volta aos velhos hábitos, o efeito é somente um: engordar.

Na Fase 3, a meta é se alimentar com mais consciência, priorizando alimentos ricos em nutrientes e evitando aqueles que causam mal-estar e contribuem para o ganho de peso. O resultado você sentirá dia após dia, não só na frente do espelho como também nos níveis de energia e no bom humor.

Com a alimentação baseada nos conceitos da Nutrição Funcional, o organismo como um todo melhora. Pense num carro consumindo gasolina comum e passando para a *premium*. Depois de se alimentar com o que há de melhor, esse novo corpo, mais esbelto e mais sadio, não vai querer voltar ao esquema anterior. Sempre que você chutar o balde, exagerando nas gorduras, na bebida ou nas guloseimas, seu corpo vai protestar. E esse será o maior estímulo para se manter na linha.

Além do mais, no final do plano, vocês dois terão adquirido novos hábitos: comprar alimentos juntos, planejar e preparar as refeições do dia a dia, jantar fora com consciência e, principalmente, se relacionar com a comida. Unidos nessa empreitada, ambos perceberão o grande valor da alimentação saudável e da boa forma – que afetará o humor, a autoestima e até a vida íntima do casal. É muito raro ver no consultório pessoas que voltam aos velhos hábitos depois de experimentarem os resultados da alimentação funcional, ainda mais quando tiveram companhia na mudança.

Por fim, vale ressaltar que o que estamos chamando aqui de "dieta" engloba um planejamento alimentar mais abrangente do que uma simples contagem de calorias que leva à redução do peso. A proposta aqui é causar uma mudança de hábitos mais eficiente e inteligente, com base nos alimentos funcionais e no que beneficia cada um de vocês especificamente. Os resultados vão muito além da perda de peso, e incluem melhoras em diversos sintomas e uma vida mais saudável como um todo.

Nos próximos capítulos, vou ajudar vocês a traçar objetivos, identificar problemas, organizar e planejar suas refeições e se defender das armadilhas que a vida a dois oferece para a boa forma. Também vou orientá-los a avaliar o desempenho da dieta, medindo o seu progresso e eventualmente alterando algo no percurso. E se alguém pensar em desistir, o apoio do parceiro vai ser fundamental para recuperar a motivação.

E então? Prontos para começar?

PARTE

[1]

NUTRIÇÃO E SAÚDE

CAPÍTULO 1

Necessidades distintas, objetivos semelhantes

É muito importante que o casal esteja motivado – individualmente e como dupla – para que a dieta funcione. Mesmo começando a dois a batalha contra os quilos a mais, cada um chega a ela por diferentes motivos. Minha experiência no consultório é categórica: a principal razão que leva as mulheres a quererem emagrecer é melhorar a aparência. Esse fator também é importante para os homens, mas a maioria deles é incentivada por um problema de saúde que exige o emagrecimento. A motivação de ambos também tende a ir se modificando em etapas após os primeiros resultados de perda de peso, e a forma como cada um lida com o processo é mais um item da longa lista de diferenças entre os sexos.

Toda mulher provavelmente já viu esse filme: às vésperas de um casamento ou uma grande festa, em que sabe que será vista e analisada por outras pessoas (talvez até por rivais ou alguma ex de seu marido ou namorado), ela entra em pânico. Além do clássico "não tenho o que vestir", a mulher se apavora com quanto um evento social desse tipo irá expor o que a calça jeans que já não fecha vem alertando há tempos: ela está acima do peso.

Todo o exagero imposto pela ditadura da magreza não pode mascarar o fato de que a gordura é um mal e de que a autoestima de uma pessoa magra vai fazê-la se sentir mais bonita e confiante. Tensa e vulnerável, a mulher dispara o alarme, e muitas vezes aproveita essa preocupação como gatilho para começar uma dieta. A prevenção de doenças pode ser um fator de estímulo ao emagrecimento, mas a verdade é que a questão da saúde aflige mais os homens acima do peso do que as mulheres.

A aparência é uma das preocupações deles também, mas no caso masculino a idade é o principal fator desencadeante para começar a busca por um emagrecimento que o deixe mais bonito. Homens acima dos 45 anos são bem mais propensos a se livrar do excesso de peso por motivos estéticos que os mais jovens, e nenhum dos dois grupos costuma ser pressionado por situações sociais para começar a emagrecer.

Pelo que vejo no consultório, o fator mais comum de estímulo à dieta é mesmo a saúde. Muitos homens me procuram após um puxão de orelha sério do cardiologista, do endocrinologista ou mesmo do clínico geral, que dão uma notícia simples: ou o paciente muda os hábitos ou dificilmente irá ao casamento dos netos.

As disfunções mais associadas ao excesso de peso nos homens são diabetes tipo 2, pressão arterial elevada, colesterol alto, apneia do sono, distúrbios digestivos, problemas de coluna e de joelho.

Observo em meus clientes homens uma tendência bem menor que a das mulheres em se comprometer com o emagrecimento. O excesso de peso os incomoda menos e eles não costumam ter a tal conexão emocional com as suas consequências. Essa desvantagem pode ser atenuada com o apoio da companheira tanto para começar quanto para seguir a dieta.

O interesse que as mulheres geralmente têm em pesquisar sobre o assunto, conversando com várias pessoas que passaram pelo problema e analisando as diversas opções de solução, também pode ajudar a motivar os companheiros para o início da briga contra a gordura. Após o *start*, porém, não tem para ninguém: os homens declaram guerra e partem para o ataque, sem parar para pensar nas inúmeras possibilidades de alimentos que estão deixando para trás. As mulheres têm muito a ganhar nessa batalha seguindo essa postura masculina de decidir e agir objetivamente, com o inimigo na mira para ser abatido a qualquer custo.

Mas antes de falar sobre os objetivos e traçar metas concretas, é importante reconhecer que mulheres e homens têm necessidades diferentes, tanto físicas quanto emocionais. Estar atento a essas diferenças e conhecer os pontos fortes e fracos de cada um é um passo essencial para o sucesso no plano.

As necessidades das mulheres

As mulheres entram no combate contra o excesso de peso já com algumas desvantagens. Além da propensão maior ao acúmulo de gordura, obra da natureza para nutrir o feto na gestação e sustentar a amamentação, somos propensas a uma forte variação hormonal, que influi diretamente na forma como lidamos com a comida. No consultório vejo o tempo todo quanto se engorda por razões emocionais, sejam elas motivadas por estresse, ansiedade ou depressão. A mulher fica triste e come logo um pote inteiro de sorvete. Sofrendo os efeitos de uma TPM severa, se atraca com chocolate. Trabalho estressante? A vítima é uma pizza, devorada em cinco minutos. Emoções fortes ou desconfortáveis viram um gatilho para comer o que não se deve.

Para superar esses desafios e suprir as necessidades tipicamente femininas, a sugestão é, em primeiro lugar, se informar. A seguir, faço uma breve análise do que costuma contribuir para a dificuldade de emagrecer em cada fase da vida da mulher, de como a flutuação hormonal do ciclo feminino afeta o humor e a alimentação, e de qual o papel das emoções nessa empreitada.

As fases da vida e o corpo da mulher

20 ANOS

A mulher na faixa dos 20 está no momento ideal para perder peso e mudar hábitos. O metabolismo está a todo vapor e com isso qualquer excesso vai embora num piscar de olhos. Além da vantagem óbvia que isso traz, existe um benefício psicológico: por conta do resultado mais imediato, elas ficam mais motivadas a manter a linha. Em termos de estilo de vida, mulheres jovens costumam ter mais tempo para cuidar de si, especialmente antes de terem filhos.

Por outro lado, nessa faixa etária, com a tendência a ter a vida social e profissional muito agitada, podem aparecer algumas tentações. Estou falando dos grandes vilões: restaurantes fast-food, comidas processadas, refrigerantes e bebidas alcoólicas em excesso. É preciso ter disciplina e inteligência para driblar as pressões sociais e se programar para comer alimentos nutritivos, não pular refeições e evitar os vilões da boa saúde. O uso de ferramentas como o diário alimentar, que será apresentado mais adiante, pode ser um bom aliado.

O plano alimentar para casais, apresentado em detalhes no Capítulo 3, contempla as necessidades nutricionais específicas das mulheres e incorpora chás e alimentos com propriedades benéficas para essa fase da vida.

30 ANOS

Com a chegada dos 30, as mulheres costumam encontrar mais dificuldade para perder peso. Embora o metabolismo ainda

UMA NOTA SOBRE A GRAVIDEZ E O PÓS-PARTO

Gestar e amamentar um bebê é um privilégio, mas exige muito da mulher. Os hormônios sofrem mudanças radicais, e a rotina, o estilo de vida e as emoções, idem. Por isso, convém cuidar bem do corpo e da mente, e a alimentação saudável é um grande passo nessa direção.

Estudos de epigenética sugerem que o alimento que a mãe ingere na gestação e as toxinas às quais se expõe influenciam a saúde do bebê até mesmo na vida adulta dele, provocando o risco de desenvolver obesidade, diabetes e outras doenças crônicas, com repercussões até nas gerações seguintes. Uma alimentação pobre em nutrientes pode causar má-formação e resultar em bebês de baixo peso.

Em termos de nutrição, o ideal é adotar bons hábitos alimentares antes de engravidar, para que a mulher não esteja com deficiências nutricionais nem muito acima nem abaixo do peso recomendado, mas sim com o status nutricional adequado para iniciar essa jornada. No geral, podemos afirmar que uma dieta colorida e variada, rica em legumes, verduras e frutas e pobre em alimentos industrializados, é o que vai trazer essa gama completa de nutrientes. Evitar a ingestão de toxinas, como alguns adoçantes (aspartame, ciclamato, sacarina) e realçadores de sabor (nitratos, glutamato monossódico), e a exposição a infecções ocultas, como toxoplasmose, giárdia ou amebíase e candidíase, também é importante. Na prática, isso significa passar longe de carnes cruas e malpassadas, verduras mal-lavadas, bebidas e alimentos diet, embutidos e alimentos altamente processados.

O ganho de peso na gestação é esperado e necessário, porém deve ser controlado, pois o aumento abrupto pode levar a problemas durante a gravidez e na saúde do bebê. A recomendação da Organização Mundial de Saúde é que se

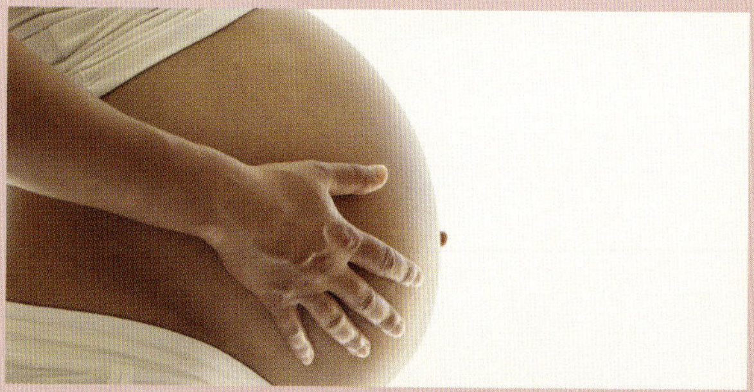

ganhe entre 11,5 quilos e 16 quilos, mas os números mudam se for uma gravidez de gêmeos ou se a gestante estava abaixo ou acima do peso considerado saudável antes de engravidar. Converse com o seu médico e com um nutricionista sobre o seu caso em particular para adaptar essas metas. O plano alimentar dos casais não é indicado para gestantes, mas pode ser uma boa maneira de o casal entrar em forma antes de optar por aumentar a família.

Após o parto, em especial quando a amamentação é exclusiva, é comum as mulheres perderem peso, visto que a produção de leite materno consome em torno de 500 calorias por dia. Mas não pense que isso é uma carta branca para enfiar o pé na jaca! O ideal é manter a alimentação o mais variada e colorida possível nessa fase, a fim de garantir nutrientes e diversidade de sabores ao bebê. Como na gestação, deve-se evitar bebidas alcoólicas e exposição a cigarro, bem como reduzir o consumo de cafeína.

Por fim, vale lembrar que tudo tem o seu tempo. Não adianta ficar ansiosa para perder todo o peso da gestação nas primeiras semanas nem se comparar a outras pessoas. Continue comendo bem, procure apoio para lidar com as fortes emoções desse período e, assim que puder, estabeleça uma nova rotina de atividades físicas. Assim você voltará à forma sem estresse.

esteja ativo, não é mais o mesmo de antes, e, para piorar, a vida costuma estar mais atribulada. É nessa faixa etária que a maioria das minhas clientes passa por mudanças de vida importantes, como a gravidez e a maternidade, que bagunçam a rotina e jogam para segundo plano a alimentação e, em especial, os exercícios físicos. Infelizmente, o estresse, ao liberar o hormônio cortisol, também atrapalha bastante a boa forma.

Muitas vezes os programas familiares, principalmente as festinhas infantis, podem anular todo o esforço de se manterem na linha que foi feito durante a semana.

Por outro lado, as demandas do dia a dia ajudam a mulher na faixa dos 30 a desenvolver e a manter uma rotina regrada, o que é uma grande vantagem em qualquer plano alimentar. Sobretudo quando ela tem filhos, é imprescindível ter sempre comidas frescas em casa, o que facilita a manutenção (e a transmissão) de bons hábitos alimentares.

Para manter o metabolismo num bom ritmo, convém comer de três em três horas, o que faz parte das orientações do plano alimentar dos casais. No Capítulo 4, você encontrará também recomendações de alimentos funcionais para essa faixa etária, bem como dicas de como incorporá-los à alimentação diária sem estresse. Convém lembrar que fazer atividades físicas torna-se ainda mais importante nesse momento da vida.

40 ANOS OU MAIS

Nessa fase, o metabolismo começa a desacelerar por conta da diminuição

dos hormônios femininos, o que vai se acentuando com a aproximação da menopausa. Se a alimentação não for regrada e muito saudável, e se não houver atividades físicas regulares, o emagrecimento se torna difícil. A tendência a ganhar peso nessa faixa etária é comprovada por estudos e observações clínicas.

No entanto, não se desespere! Nem todas as notícias são ruins. Embora o aspecto fisiológico seja uma desvantagem – não tem como negar –, o ingresso nessa faixa etária traz algumas vantagens para a mulher. Em geral, com a maturidade, vem uma diminuição do estresse, elemento que prejudica o organismo e, principalmente, atrapalha a rotina de bons hábitos. Em especial quando a mulher não tem filhos ou quando eles estão mais independentes, sobram tempo e energia para que ela se dedique à saúde. E sabemos como a motivação e o planejamento são essenciais para o sucesso de qualquer dieta.

Como o plano alimentar dos casais é composto integralmente por alimentos frescos e naturais, cheios de nutrientes que combatem os radicais livres e a inflamação, ele é perfeito para quem está com 40 anos ou mais. Os chás e alimentos funcionais indicados no Capítulo 4 vão facilitar ainda mais a perda de peso e o bem-estar da mulher dessa faixa etária.

O fator hormonal

Um dos grandes obstáculos da dieta feminina – e do bem-estar das mulheres em geral – é a temida síndrome da tensão pré-menstrual (TPM), que se manifesta cerca de 10 a 15 dias antes do início do ciclo menstrual. A alimentação é tida como o pilar principal para amenizar os sintomas que atingem pelo menos 30% das mulheres em idade fértil. Eles variam entre dor nas pernas, inchaço, dor de cabeça, mastalgia (dor nos seios) e irritação, e podem aparecer combinados.

O sintoma predominante indica uma causa fisiológica, e cada uma delas tem uma estratégia mais adequada do ponto de vista nutricional, como você poderá observar no quadro adiante. Qualquer que seja o tipo de TPM, é importante não ter em casa nesse período itens tentadores como chocolates, biscoitos e sorvetes, pois muitas vezes agimos sem pensar e vamos direto nessas guloseimas. O arrependimento é garantido.

As mudanças hormonais nesse período deixam o organismo com deficiência de vitaminas e minerais e ele acaba sinalizando essa falta provocando o desejo de alimentos que contêm as substâncias que precisa repor. **A escolha do chocolate como o melhor amigo da mulher com TPM é apenas um pedido do corpo por mais magnésio.** Além de atrapalhar o equilíbrio hormonal, a queda desse mineral também prejudica a absorção de cálcio, essencial no período pré-menstrual. Apesar de o cacau ser relativamente rico nesse nutriente, o chocolate também contém açúcar e grande quantidade de gordura saturada, o que promove o agravamento do desconforto. Produtos lácteos também podem diminuir a absorção de magnésio, enquanto o excesso de açúcar branco, o estresse e a cafeína podem aumentar a excreção do mineral, contribuindo de maneira indireta para a piora dos sintomas. E assim começa o círculo vicioso da compulsão por chocolate.

O fator psicológico e o papel das emoções

No plano psicológico, a mulher tende a aceitar uma responsabilidade pessoal pelo seu ganho de peso, assumindo para si que comer demais foi uma escolha, o que de certa forma a torna mais propensa a mudanças positivas.

OS TIPOS DE TPM

A **TPM A** causa ansiedade, irritabilidade e tensão nervosa, e é bastante comum. Está relacionada a altos níveis de estrogênio, o hormônio feminino. O excesso dessa substância pode ser resultado do consumo excessivo de proteína animal ou de alimentos lácteos, ou ainda do uso constante de plásticos na alimentação (seja envolvendo com filme plástico tudo que se guarda na geladeira ou usando embalagens plásticas para aquecimento de refeições) ou da interrupção da eliminação do hormônio, que é metabolizado no fígado e eliminado pelo intestino. Se você sofre com esses sintomas, reduza o consumo de carne vermelha, optando por peixe ou frango orgânico sempre que possível. Escolha alimentos que sejam fontes de vitaminas do complexo B (cereais integrais, castanhas, feijões, ovos, verduras verdes-escuras) para otimizar o funcionamento do fígado, e aumente a ingestão de fibras e de lactobacilos, para auxiliar na eliminação. Hortaliças do grupo das brássicas (brócolis, couve, couve-flor, repolho, couve-de-bruxelas, rúcula, agrião, espinafre) auxiliam na desintoxicação do excesso de estrogênio. A linhaça, rica em fitoestrógenos e lignanas, também é benéfica.

A **TPM C** provoca cansaço, dor de cabeça e palpitações e está relacionada ao desequilíbrio dos níveis de açúcar no sangue. Quando a glicose está menos disponível na circulação, a tendência é sentir um desejo maior por doces, especialmente o chocolate, que é fonte de magnésio. Para regular melhor os níveis de glicose, deve-se aumentar a ingestão de vitamina B_3 (carnes, aves, peixes, grãos integrais, leguminosas, oleaginosas), zinco (leguminosas, frutos do mar, grãos integrais, frango) e cromo (as maiores fontes são a levedura de cerveja e os grãos integrais), além do magnésio (folhas verde-escuras, frutos do mar, cereais integrais).

A **TPM D** é a que apresenta sintomas de depressão, como choro, letargia, insônia e desânimo. Eles são consequência da redução do estrogênio e do aumento da progesterona. A vitamina mais importante nesses casos é a B_6 (lentilha, feijão, banana, arroz integral). Como no caso da TPM A, o bom funcionamento hepático é essencial. Recomenda-se, portanto, o consumo de couve, brócolis, repolho, couve-flor, nabo, rabanete e outros legumes do grupo das brássicas, que ajudam o fígado a eliminar toxinas e a processar melhor os hormônios. Folhas verde-escuras, ricas em clorofila e ácido fólico, e chá verde também são boas pedidas.

A **TPM H** é a mais frequente e está associada a retenção maior de líquidos, aumento de peso, dor nas mamas e distensão abdominal. Nesse caso deve-se aumentar principalmente a ingestão de magnésio (alimentos integrais e folhas verde-escuras), vitamina B_6 (feijão, couve, banana, arroz integral), vitamina E (sementes de girassol, gergelim, abóbora, nozes, castanhas, amêndoas) e betacaroteno (folhas verdes, frutas e legumes alaranjados, como cenoura, abóbora e mamão). Igualmente importante é reduzir o sal e evitar o açúcar, que também favorece a retenção de líquidos. Ao escolher o sal, prefira sempre o rosa, que além de conter menos sódio (50% menos) ainda é rico em minerais.

Observação: É possível apresentar sintomas de mais de um tipo de TPM, mas um deles sempre irá prevalecer.

Admitir os erros do passado é o primeiro passo para tomar medidas que evitem que sejam repetidos. Ela também reconhece que o exercício físico é um importante fator na equação do emagrecimento, mas está longe de usar esse recurso como estratégia principal. Os cuidados alimentares, como contagem de calorias, geralmente são a opção preferencial. Com necessidades energéticas diferentes das dos homens, as mulheres não podem acompanhá-los nas quantidades.

Também percebo no consultório que as mulheres sentem muito mais necessidade de discutir o seu programa de perda de peso antes de começar do que os homens. É muito comum ela consultar colegas de trabalho que emagreceram e pedir dicas e detalhes do processo. Quando esse colega é outra mulher, elas provavelmente entram em um longo diálogo sobre o assunto, procurando saber o que dá certo e o que não funciona. Se é homem, a resposta do colega costuma ser breve, já que eles não sentem tanta necessidade de se estender sobre essa questão. Mulheres também procuram analisar os métodos de emagrecimento em detalhes, comparando e discutindo suas metas com amigas e colegas.

Se por um lado isso é bom, por outro a mulher pode gastar todas as energias nas conversas e nunca partir para a ação. É justamente aí que ela pode ganhar com a objetividade masculina do parceiro. Para dar vazão à grande necessidade feminina de expressão, recomendo que as mulheres adotem a prática do diário alimentar, onde podem anotar não só o que comeram como também suas observações e seus sentimentos com relação ao processo.

Manter um diário também ajuda a combater um mal muito comum entre as mulheres: a tendência a usar a comida para lidar com sentimentos indesejados como a ansiedade, a tristeza e a insatisfação. Quando você passa a perceber e a anotar as flutuações do seu humor, reconhece como as emoções podem ameaçar as suas boas intenções e levá-la à geladeira ou

Dica da Patricia: *Uma boa pedida para os dias de TPM é a banana, rica em carboidrato, triptofano, vitaminas do complexo B, cálcio, magnésio, ferro e potássio. Experimente assá-la no forno com casca e tudo: em poucos minutos você terá um delicioso purê de banana, que, polvilhado com canela, vai satisfazer sua vontade de comer doce sem fazer com que os níveis de açúcar no sangue subam tanto. As frutas secas, como damascos e tâmaras, são doces, ricas em fibras, vitaminas e minerais, e são uma boa alternativa para ter na bolsa quando bater aquela compulsão por um docinho – mas consuma sempre com moderação.*

à barraquinha de doces mais próxima.
O reconhecimento do padrão é um passo importante para vencer o impulso. A dica, portanto, é anotar o que se sente e o que se come num caderninho ou até mesmo num aplicativo de celular. Munida de informações relevantes, de hábitos saudáveis e do apoio do parceiro, a mulher chegará mais perto de um corpo mais esbelto e saudável.

Para atingir suas metas, a mulher deve...

- Atentar para a ação dos hormônios e equilibrá-la com uma alimentação natural e rica em nutrientes, evitando comidas processadas, farinhas e açúcares refinados e gorduras saturadas. A mulher que usa anticoncepcional deve repor ácido fólico e vitaminas do complexo B, por conta das perdas provocadas pela medicação.
- Beber bastante água para combater o inchaço e auxiliar no processo de eliminação de toxinas e hormônios. Isso é particularmente importante no período pré-menstrual.
- Praticar atividade física regular, incluindo exercício aeróbico e musculação, para garantir o ganho de massa magra, que contribui para acelerar o metabolismo e queimar gordura.
- Aproveitar a propensão a mudanças positivas para dar o primeiro passo rumo a uma alimentação mais saudável e, através do exemplo, motivar o parceiro.
- Compreender o papel das emoções e de suas necessidades psicológicas na manutenção dos bons hábitos alimentares. Um diário alimentar pode auxiliar no processo do autoconhecimento, levando a um controle maior sobre as emoções que podem sabotar os esforços durante a dieta.

As necessidades dos homens

A composição corporal masculina permite que eles queimem mais calorias do que as mulheres, e de forma mais rápida. A massa magra, ou seja, livre de gorduras (músculos + água + ossos + tecidos + órgãos), é o grande determinante da taxa metabólica de uma pessoa, que indica quantas calorias o corpo vai gastar. Como eles têm proporcionalmente mais músculos do que mulheres do mesmo peso e da mesma altura, o metabolismo deles é entre 5% e 10% mais eficiente. Isso significa que os homens gastam mais calorias mesmo quando estão em repouso.

Eles também perdem peso com mais facilidade por terem tendência a ser mais ativos. Estudos já apontaram que, de maneira geral, as mulheres gastam em média 16% menos calorias ao dia do que homens. Analisando em detalhes essa diferença, os pesquisadores concluíram que a taxa metabólica basal das mulheres é 6% mais baixa que a dos homens, e que gastam 37% menos calorias com exercícios. Em outras palavras: além da genética, as mulheres gastam menos calorias por não se movimentarem tanto quanto eles.

Olhando assim parece que a solução para o excesso de peso nos homens seria simplesmente fazer exercícios. Outro estudo consultado, porém, mostra que indivíduos obesos que se exercitam emagrecem bem menos do que os que fazem exercícios aliados a uma restrição calórica. As mulheres também precisam abraçar a causa da malhação: para perder 1 quilo de gordura é necessário queimar por volta de 3.500 calorias. Sem exercícios e somente com a alimentação, a restrição teria que ser severa demais para apresentar resultado. A atividade física, além de queimar mais calorias, tonifica e firma os músculos, prevenindo a degeneração dos ossos. Sem falar que, após a dificuldade inicial de quem está parado há muito tempo, faz um bem incrível para o humor.

A vantagem muscular masculina vai diminuindo com o passar dos anos, pois a distribuição da massa magra muda com o envelhecimento. Após os 45 anos, homens e mulheres perdem em média 10% de massa magra por década. Isto é o equivalente a perder aproximadamente 1 quilo de músculo por ano e ganhar tudo isso em gordura. Neste ponto os dois estão no mesmo barco – quanto mais velhos, menos calorias são queimadas. Por isso recomendamos tão fortemente os exercícios de resistência como a musculação, para preservar ou até mesmo aumentar a massa muscular, que é a metabolicamente ativa.

No plano fisiológico, os homens sofrem com uma tendência maior à gordura abdominal, que pode gerar um quadro de diabetes e também contribuir para o aumento da pressão arterial e a obstrução dos vasos sanguíneos, ameaçando a saúde do coração. A circunferência abdominal é considerada um importante indicativo de saúde e é por isso que a relação cintura/quadril faz parte da avaliação da Dieta dos Casais.

A gordura abdominal também está ligada a baixos níveis de testosterona, que têm afetado cada vez mais os homens (e as mulheres). Além do fator estético, o déficit

desse hormônio é uma causa subjacente para muitos males ditos modernos, como depressão, doença das artérias coronárias, colesterol alto, disfunção erétil, diabetes e doença de Alzheimer.

Não há dúvida de que um dos fatores que contribuem para os índices cada vez mais baixos de testosterona está ligado à alimentação. Um estudo da Sociedade de Endocrinologia dos Estados Unidos comprovou que 50% dos homens de meia-idade com pré-diabetes (condição de aumento de glicose que antecede o diabetes propriamente dito) que perdem peso recuperam os índices de testosterona. Aumentar a testosterona, quando ela está baixa, tem um impacto significativo sobre a qualidade de vida do homem, pois aumenta a energia e promove uma revitalização da vida íntima.

Apesar do importante papel da testosterona, o ganho de peso dos homens é menos relacionado a eventos fisiológicos que o das mulheres, por isso tende a ser mais silencioso. Enquanto as mulheres tendem a recorrer a comidas nada saudáveis quando buscam conforto em situações tristes, os homens costumam perder a linha em momentos alegres. É em festas, jogos, bares e reuniões familiares que eles têm mais prazer em beber e curtir a comida sem se preocupar com quantidade ou qualidade. Para os homens, culturalmente menos vaidosos que as mulheres, comer e beber são prazeres da vida, e a culpa por ter exagerado na dose, que tanto acomete as mulheres, não os atinge com a mesma intensidade.

Além disso, os homens tendem a apresentar maior resistência à mudança de hábitos. Para eles, é mais difícil assumir a responsabilidade por ter engordado, e o que mais observo são justificativas que vão de hereditariedade a maus hábitos alimentares com os quais foram criados. A visão masculina em geral é de que algo simplesmente aconteceu, sem causa aparente. Alguns culpam a redução da prática de exercícios ou o sedentarismo, quase sempre decorrente do estresse do dia a dia ou da falta de tempo, mas poucos estão abertos a rever sua alimentação. E é aí que entra a força do plano dos casais, já que a companhia e a iniciativa da parceira podem ser o pontapé inicial de que eles necessitam para se alimentar melhor.

Para atingir suas metas, o homem deve...

- Reconhecer a própria responsabilidade no aumento do peso, percebendo a relação entre seus hábitos e o fato de ter engordado.
- Tomar cuidado especial com a gordura abdominal, cujo excesso provoca maior risco de diabetes, doença de Alzheimer, queda no nível de hormônios (inclusive sexuais) e problemas de fígado, coração e pâncreas.
- Ficar atento ao exagero nas comemorações. Para se divertir, não é preciso abusar de álcool, gorduras e frituras em datas festivas. Experimente.
- Aproveitar o metabolismo mais acelerado e praticar bastante exercícios físicos, mas sem desprezar o valor de uma alimentação saudável.

COMO AUMENTAR A TESTOSTERONA DE FORMA NATURAL

Para favorecer o aumento da testosterona, pode-se aumentar a ingestão dos alimentos listados a seguir, dormir adequadamente, reduzir o estresse diário e praticar atividades físicas com regularidade, de três a quatro vezes por semana pelo menos.

CARNES MAGRAS: alcatra, filé-mignon, maminha, fraldinha e baby beef são as mais indicadas, sempre livres daquela capa de gordura e, de preferência, grelhadas.

GORDURAS SAUDÁVEIS: nozes, castanhas, azeitonas, amêndoas, azeite extravirgem, manteiga de boa qualidade como a ghee, linhaça, abacate e óleo de coco devem ser as principais fontes de gordura da dieta, evitando-se as gorduras hidrogenadas das frituras e dos produtos industrializados.

FRUTAS: maçã e banana colaboram com a produção de zinco, elemento fundamental para a síntese da testosterona. Níveis baixos desse mineral reduzem em 73% a produção da testosterona. Já tomate, laranja, maracujá, limão, acerola e morango têm em sua composição grandes quantidades de vitamina C, um importante aliado na produção desse hormônio.

VERDURAS E LEGUMES: abóbora, pimentão, brócolis, repolho e couve são os vegetais mais indicados, uma vez que contribuem para que as taxas de estrogênio – hormônio feminino – diminuam, evitando o acúmulo de gordura e favorecendo o crescimento muscular.

OVOS: ricos em proteína e colesterol bom – ou seja, gorduras saudáveis –, eles também são fontes vitais para maior produção de testosterona, especialmente quando consumidos com a gema. Ovos de codorna ajudam a manter os níveis ideais do hormônio.

FEIJÃO: vegetal com grande quantidade de zinco em sua composição, o feijão tem pouca gordura, bastante proteína e fibras.

RESVERATROL: esta substância encontrada no suco de uva integral e nas frutas vermelhas pode aumentar a produção de testosterona.

PRÓPOLIS: estudos indicam que o própolis contém uma substância que inibe a enzima responsável por converter a testosterona em estradiol. Portanto, o consumo de própolis pode aumentar a concentração de testosterona. Ela pode ser consumida em gotas na água ou no chá.

CHÁS SEM CAFEÍNA: o chá pode otimizar os níveis de testosterona quando é consumido em substituição ao café, já que o consumo de 2 xícaras de café por dia contribui para diminuir a produção do hormônio. Evite apenas o de hortelã.

Definindo metas – Da motivação à ação

Apesar das diferenças, os casais estão juntos no ganho e na perda de peso. Estudos mostram que é nos dois primeiros anos de vida juntos que ambos começam a engordar. Mas pesquisas também indicam que recém-casados que se unem no esforço para não ganhar peso conseguem se manter sem os quilos extras. O primeiro passo aqui é o compromisso, consigo mesmo e com seu parceiro. Ao estender o suporte – físico e emocional – para sua cara-metade e vice-versa, você pode garantir que a sua jornada de perda de peso seja mais eficiente.

No entanto, o apoio moral não é o único fator necessário. É preciso partir para a ação. E, para tomar uma atitude, definir metas é primordial. Agora que ambos decidiram encarar esse desafio, a jornada deve ser traçada considerando as características de cada um e o ambiente em que o casal vive, tanto em casa quanto no trabalho, e nas outras atividades individuais e da dupla. E o primeiro passo para a mudança é a consciência: descobrir o que está contribuindo para o excesso de peso e os outros sintomas indesejados.

Diário alimentar

A melhor ferramenta para aumentar a consciência alimentar, traçar metas e medir o progresso é o diário alimentar. Não precisa ser num diário físico, mas criar o hábito de anotar o que você come, quando come e em que estado de espírito você se encontra traz muitos benefícios. Indico

adotar esse costume antes mesmo de mudar a alimentação, assim vocês vão passar a entender melhor os pontos fracos de cada um e os hábitos que precisam ser mudados.

Muitos aplicativos para celular podem ajudar nesse acompanhamento. Procure aqueles que permitem inserir todos os dados do que foi consumido, calcular as calorias e comparar o desempenho ao longo dos dias.

A maioria das pessoas não tem ideia do impacto nutricional de suas escolhas relacionadas à *qualidade* e à *quantidade* do que estão ingerindo. Muitas vezes um produto é tão saudável que a gente acaba abusando e comendo demais dele. O diário indica, com a frieza dos números, que **o excesso não vale a pena nem com alimentos benéficos**.

Anotar tudo o que consumimos também revela os perigos de hábitos banais como colocar açúcar no café e em sucos, beliscar alimentos calóricos na ilusão de que em pouca quantidade eles são inofensivos (a famosa "garfadinha" no prato alheio), se entupir de produtos diet e light durante o dia, entre outros. Com o diário, os erros alimentares ficam explícitos e mais fáceis de serem consertados. Ele vira uma ferramenta muito importante tanto para o paciente quanto para o profissional que o está acompanhando, que poderá traçar uma estratégia para atacar os obstáculos ao emagrecimento, sejam eles a qualidade do alimento, o consumo excessivo ou outros maus hábitos.

Para que seja eficiente, o diário tem que conter tudo o que foi ingerido no dia nos mínimos detalhes: quantidades, horário, etc. Não se esqueça de incluir bebidas. Se algo for omitido, o tratamento estará sendo sabotado, pois se baseará em informações irreais. A maior parte dos profissionais que trabalha com emagrecimento consegue, com sua experiência, perceber quando o cliente está trapaceando. Mas esse não é um comportamento que esperamos de pessoas adultas, certo?

Confrontar o diário com o progresso (ou a estagnação) dos resultados esclarece a verdadeira razão pela qual aquele vestido que estava ótimo seis meses atrás não fecha mais, mesmo após semanas à base de alface e água. Uma colherzinha de açúcar no café se multiplica pelo número de xícaras consumidas ao longo do dia. Um docinho pequeno que se come quase sem sentir pode ser uma bomba calórica, assim como as dezenas de balinhas "inocentes" chupadas sem chamar muita atenção durante a jornada de trabalho. Ver no papel (ou na tela) cada item que passou por sua boca pode ser um verdadeiro choque de realidade.

COMO MANTER UM DIÁRIO ALIMENTAR

- Inclua absolutamente TUDO o que ingerir e qual a quantidade. Pequenas escapadas podem parecer inofensivas, mas, quando colocadas no papel, fica evidente o efeito nocivo que as pequenas atitudes têm no peso e na saúde.
- Não deixe de mencionar seu estado de espírito em cada anotação. Os homens provavelmente terão mais dificuldade para fazer isso, mas vale ter em mente que entender as emoções envolvidas no ato de comer ajuda a controlar a impulsividade.
- Não omita dados. Isso compromete o tratamento, fazendo com que você se baseie em informações falsas na sua estratégia de emagrecimento. É importante perceber que uma fatia de bolo no fim do dia ou todos aqueles cafezinhos adoçados ao longo do expediente podem boicotar o esforço de todas as refeições controladas do período.
- Escolha um dia da semana, de preferência o mesmo em que fará a pesagem e tirará suas medidas, para ler o diário. Esse exercício é imprescindível, pois o ajudará a entender seus hábitos e sua relação com a comida.

O ideal é que vocês comecem a anotar o que consomem desde já. Façam isso por uma semana enquanto se preparam para iniciar o programa.

Metas

Se você comprou este livro, a sua meta é emagrecer e ser mais saudável. Ótimo! Mas como mensurar isso?

O peso, claro, é o primeiro critério que vem à mente, e o mais simples de medir: basta subir numa balança. Porém, mesmo sabendo quanto a pesagem é importante, precisamos atentar para o fato de que o número nos ponteiros ou no display tem diversos componentes, e que as alterações devem levar em conta vários fatores. Os quilos mostrados na balança englobam o peso de ossos, músculos, gordura e água. Há vezes em que a diminuição significa apenas perda de água ou músculo, sem que a gente tenha se livrado de gordura, o que não é nada bom.

O índice de água influi demais no que a balança diz. O normal é que ele varie entre 50% a 60% do peso corporal, o que, nas mulheres, oscila no período pré-menstrual e menstrual, quando é comum haver mais retenção de líquido. Uma alimentação rica em sal e pobre em frutas, verduras e legumes piora esse quadro, provocando aquela sensação de inchaço constante.

Por outro lado, o ganho de massa muscular, mais densa que a gordura, pode fazer o ponteiro da balança subir, quando na verdade houve diminuição de gordura. Embora o número da balança seja um importante indicador do progresso do plano alimentar, vale frisar que a meta não é perder peso e sim perder gordura e reduzir medidas. Por isso, não despreze os fatores subjetivos para avaliar seu progresso: o espelho e o caimento das roupas.

Como o objetivo é perder peso e ganhar saúde, sugiro que a meta de vocês inclua

CUIDADO COM AS EXPECTATIVAS

Ao fazer uma dieta, é normal querermos ver o peso diminuir o máximo possível no menor intervalo de tempo. No entanto, especialmente para as mulheres, os números não contam a história completa. Três quilos a menos em uma semana pode indicar perda de gordura, mas também de músculo ou água. Dietas exageradamente restritivas como a da sopa, da lua, etc. podem dar um resultado rápido, mas, ao voltar para a alimentação de antes, o peso perdido retorna, composto principalmente por gordura. Esse é o caminho certo para o efeito sanfona. Para emagrecer com saúde, o ideal é ver os números da balança caírem de forma gradual – não mais do que 2 quilos por semana – e se preparar para eventuais períodos de estagnação sem perder o foco nos bons hábitos alimentares adquiridos.

no mínimo três elementos: o número mostrado na balança, medidas (de cintura e quadril; se quiserem medir braços e coxas, fiquem à vontade) e os sintomas desagradáveis que desejam eliminar através da Nutrição Funcional (o próximo capítulo entra em mais detalhes sobre isso). A meta deve ser realista – não mais do que 1 ou 2 quilos por semana (embora seja possível perder até 5 quilos na primeira semana do plano dos casais) – e de médio a longo prazo. Não adianta querer atingir sua meta em duas semanas (a não ser que tenha menos de 5 quilos a perder).

Na hora de definir a meta de peso, vocês podem levar em consideração o índice de massa corporal (IMC), que pode ser calculado pela seguinte fórmula:

PESO (em quilos) ÷ ALTURA (em metros)^2

O objetivo é se manter na faixa saudável recomendada, entre 18,5kg/m^2 e 24,9kg/m^2. O percentual de gordura também é um critério importante, e deve ser menor que 25% para mulheres e menor que 20% para homens, mas a maioria das balanças caseiras não é capaz de calcular esse número com

precisão. No entanto, você pode fazer essa avaliação com um nutricionista ou profissional de educação física. A relação entre a medida da cintura e a do quadril não deve ultrapassar 1,0 e manter esse índice na faixa ideal (não mais do que 0,9 para homens ou 0,8 para mulheres) deveria ser uma meta do casal, já que a gordura abdominal é forte indicadora de problemas de saúde como diabetes e doenças cardíacas.

O quadro abaixo pode servir como um guia para o casal:

Antes de começar o programa:

- Definam metas de curto e longo prazo, para o casal e individualmente. Não se esqueçam de incluir metas quantitativas, como o peso e as medidas, e qualitativas, como níveis de energia, humor e sintomas diversos (aprenda mais sobre isso no próximo capítulo).
- Escolham um dia na semana para fazer a pesagem e tirar suas medidas. O ideal é que a pesagem seja feita de manhã, antes de ingerir qualquer bebida ou alimento.

	INÍCIO	FIM DA FASE 1	FIM DA FASE 2	META
Data				
Peso (kg)				
IMC				
Massa de gordura (kg)				
Massa magra (kg)				
Medidas da cintura (cm)				
Medidas do quadril (cm)				
Relação cintura/quadril				
Sintomas				

10 MANDAMENTOS PARA O SUCESSO DO PLANO DE CASAIS:

1º Mandamento:

Não trapacear

Se fizer isso, você estará trapaceando em dobro, prejudicando duas pessoas.

2º Mandamento:

Manter-se firme mesmo com o fracasso do seu parceiro

Se seu parceiro desanimar, anime-o. Tenha força de vontade por vocês dois.

3º Mandamento:

Não permitir que pequenos erros levem a equívocos maiores

Se cometer um erro, não abandone a dieta. Converse com seu parceiro, receba apoio e não permita que aconteça novamente.

4º Mandamento:

Ser positivo, nunca negativo

Siga em frente sorrindo. Veja o lado bom da mudança.

5º Mandamento:

Ser um bom parceiro

Ofereça apoio. Ela/ele emagreceu? Elogie bastante para motivar seu cônjuge. Por outro lado, tente não ficar policiando o que ele/ela come e não criticar uma possível escapada do plano.

6º Mandamento:

Ficar atento ao seu parceiro

Mesmo com uma agenda cheia, dê atenção ao seu parceiro. Um telefonema de estímulo no meio do dia é importante e motiva.

7º Mandamento:

Ter tempo para sua alimentação

Organize bem as tarefas do dia para não prejudicar o programa.

8º Mandamento:

Ter senso de humor

Sorrisos levantam o ânimo e a dieta fica mais divertida quando você tem companhia.

9º Mandamento:

Ser realista nas metas

Exagerar na previsão do emagrecimento só gera frustração. É importante trabalhar com a realidade.

10º Mandamento:

Viver um dia de cada vez

Vá com calma. Dê tempo para os resultados aparecerem.

Ana Paula & Gustavo

A Dieta dos Casais melhorou muito nosso relacionamento. O maior benefício com o programa foi proporcionar uma aproximação maior entre nós dois. Passamos a fazer mais coisas juntos, e era bom termos que conversar sobre tudo, desde o que compraríamos no mercado até o horário da caminhada. Compartilhávamos o que preferíamos nas refeições e as dificuldades que sentíamos ao longo do dia, no trabalho, e do que sentíamos falta na nossa alimentação. O companheirismo e a compreensão aumentaram. Houve mais troca de um modo geral, pois começamos a dividir mais as tarefas em casa. A dieta também melhorou muito nossa autoestima, trouxe a felicidade do guarda-roupa novo e os elogios das pessoas com o espanto pela mudança, além de melhorar a disposição para tudo!

O CASAL NA VIDA REAL

Quando me procuraram, Ana Paula (41 anos) e Gustavo (36 anos) estavam juntos havia 10 anos. Nesse período, foram engordando sem se dar conta, em função principalmente da vida mais sedentária, com frequentes idas a restaurantes, bares, cinema, etc.

"Não nos preocupávamos muito com a qualidade do que comíamos, mas com o sabor e com o ambiente. A comida sempre foi motivo para estarmos reunidos, principalmente com a família. Íamos muito a churrascos e feijoadas. Com os amigos, era a bebida e os petiscos, pizzas, etc."

Tentaram algumas dietas que surtiram efeito temporário e não causaram melhora significativa na alimentação. Fizeram também tratamento com medicina ortomolecular, mas nada adiantou. Gustavo contou:

"A princípio eu não acreditava que pudesse gostar muito do programa, pois restrição alimentar sempre foi uma barreira para mim. A vida toda fui cheinho e me achava normal dessa forma. Sempre fui de comer muito, de parar de comer apenas quando estivesse com a sensação de empanzinamento."

Ana Paula relatou muitos problemas físicos, como azia, refluxo, prisão de ventre, congestão e coriza.

"Quando entrei no programa, sentia-me inchada e tinha o diagnóstico de Síndrome do Intestino Irritável (SII), com sintomas de empanzinamento, prisão de ventre e refluxo, independentemente do que comia. Meu abdômen vivia inchado, o que provocava grande desconforto. Logo após a Fase do Descobrimento, havia perdido 11 cm de cintura e já tinha diminuído muito o mal-estar que sentia com relação ao estufamento."

Gustavo apresentou problemas para dormir: acordava muitas vezes durante a noite e tinha episódios de insônia. Consequentemente, passava o dia inteiro com sono. Também sentia muita enxaqueca e as ocorrências de dor de cabeça estavam se tornando cada vez mais frequentes. Por causa do peso, relatou dores articulares, em particular no joelho. Assim, sentia dificuldade em realizar movimentos simples, como amarrar o cadarço do tênis.

Após tantas tentativas em vão, a proposta de emagrecer juntos os animou bastante, pois o envolvimento de ambos os fez pensar que era possível sustentar as mudanças por mais tempo e levá-las para a vida.

Na Fase 1, os dois sentiram muita falta da proteína animal e, especialmente o Gustavo, dos carboidratos. Adaptaram-se bem aos chás e shakes, e gostaram de testar combinações de frutas diferentes a cada dia. Para o jantar, revezavam a opção das sopas com proteína e saladas. Não tiveram dificuldade em manter os lanches intermediários e usufruíram todas as opções de gorduras benéficas nesses momentos, o que os mantinha longe das guloseimas de costume. Ana Paula relatou:

"Com o início do programa, foi preciso mudar radicalmente. Tivemos que seguir a regra de comer de 3 em 3 horas, e para isso contamos com o alarme do celular para nos lembrar e com o apoio das pessoas que conviviam com a gente no trabalho. No meu caso, isso trouxe regularidade inclusive para o meu expediente. Comecei a sair no horário e chegava mais cedo em casa, tinha mais tempo para preparar as refeições e aproveitávamos esse momento para conversar sobre o dia. Começamos a dormir um pouco mais cedo também."

Na segunda fase, mesmo podendo consumir um carboidrato de baixa carga glicêmica à tarde, Gustavo preferiu manter o shake. E quando começou a sentir falta do café preto, adequamos a quantidade à sua rotina.

Para Gustavo, os principais resultados foram: melhora da qualidade do sono, diminuição das dores de cabeça, maior disposição para realizar as atividades do dia a dia, melhora da libido e do funcionamento intestinal e redução de transpiração nas extremidades (pés e mãos).

"As dores de cabeça sumiram, minha pele melhorou, a insônia desapareceu, minha disposição aumentou e me sinto mais útil. Também tenho histórico de hipertensão na família e já havia apresentado episódios de pressão alta. Depois que iniciei a dieta, a pressão ficou normal. Hoje percebo que posso fazer mais coisas que antigamente, um fator muito positivo."

Já Ana Paula relatou uma melhora incrível na função intestinal e passou a se sentir mais leve. A autoestima de ambos está nas alturas. Ana Paula relatou seus antigos sintomas:

"Eu sentia muita dor de cabeça se passava um dia sem tomar café, era uma dependência que me incomodava. Na Fase 1 decidi abandonar esse hábito e me senti muito melhor. Também observei que apresentava a formação de coágulo, principalmente no período menstrual, e após a dieta isso melhorou muito. Meu fluxo sanguíneo agora é bem mais fluido e acredito que isso tenha contribuído para que eu não sinta mais tanta cólica como antes. Outra melhora observada foi quanto à rinite alérgica. Percebo que meu organismo está muito mais resistente aos agentes que desencadeiam os sintomas, e agora é raro apresentar quadro alérgico. Hoje valorizo muito mais meu bem-estar do que a vontade de comer algo específico."

Peso inicial Ana Paula: 68,3kg
Peso inicial Gustavo: 156,8kg

Resultados em 5 meses

	PESO	GORDURA	CINTURA	QUADRIL
Ana Paula	-14,5kg	-15,7kg*	-11,0cm	-8,5cm

Resultados em 9 meses

	PESO	GORDURA	CINTURA	QUADRIL
Gustavo	-36,4Kg	-32,6kg	-14,5cm	-8,5cm

* Houve mais perda de gordura do que de peso porque no processo a Ana Paula também ganhou massa magra.

CAPÍTULO 2

Por que engordamos?

Todos nós sabemos que comer mal e em excesso leva ao ganho de peso. No entanto, o que está por trás dos maus hábitos ou do exagero não é tão simples. Além dos motivos óbvios, como alimentação desregrada e falta de exercícios físicos, fatores como metabolismo, intolerâncias alimentares, estresse e até falta de sono podem nos levar para o lado mais desagradável da balança. Para combater com mais eficiência não só os quilos a mais como também as práticas que não favorecem a nossa saúde, é importante diagnosticarmos o que nos levou a engordar, e assim fazer ajustes no comportamento e na comida. **A grande vantagem da Nutrição Funcional é que ela considera o organismo como um todo, ajudando a mudar os sintomas que levam a comportamentos que engordam.**

Neste capítulo, vocês conhecerão os principais vilões da boa saúde. Sugiro que leiam juntos e ajudem um ao outro a diagnosticar o que pode estar por trás do sobrepeso do parceiro.

Hábitos que engordam

As maiores causas de ganho de peso que observo nos pacientes estão ligadas a algum tipo de mudança, seja de hábito, comportamento ou mesmo de momento de vida. Parar de fumar, iniciar a faculdade ou começar num novo emprego são exemplos de movimentos que costumam nos levar a comer mais. A gestação, a menopausa, o casamento e o divórcio também representam transições importantes que podem estimular exageros alimentares. A redução ou parada da atividade física, seja por doença, lesão ou – sejamos honestos! –

preguiça, também acaba dando margem aos quilos a mais. O casal pode e deve fazer uma rápida análise dos hábitos recentes – este é o primeiro passo para entender como reverter esse quadro.

No entanto, nem sempre há um grande culpado pelo ganho de peso. Talvez a rotina seja a mesma, mas ainda assim as roupas estejam ficando mais apertadas. Às vezes, elementos aparentemente banais da nossa vida cotidiana podem estar contribuindo para que o organismo funcione aquém do seu potencial. É o caso do estresse crônico, dos distúrbios de sono, do sal oculto e das toxinas ambientais. Vamos entender como isso acontece?

O círculo vicioso do estresse

Parte integrante da vida cotidiana de qualquer adulto, o estresse não é por si só uma experiência totalmente prejudicial. Um mesmo estressor pode ter efeito positivo ou negativo em diferentes pessoas. Um exemplo clássico é o prazo apertado: uns podem entrar em pânico, enquanto outros fazem o seu melhor trabalho sob esse tipo de pressão. O problema é quando o estresse se prolonga, prejudicando o sistema imunológico, as glândulas suprarrenais e o coração. O estresse pode ser físico, emocional, psicológico, ambiental, infeccioso ou mesmo uma combinação de todos eles.

Os efeitos desfavoráveis mais comuns do estresse incluem excessos na alimentação, tabagismo e abuso de álcool ou drogas. Para lidar positivamente com ele, vocês podem praticar exercícios, meditar, gerenciar com mais eficácia o próprio tempo, adotar uma alimentação saudável e trabalhar para melhorar a qualidade dos relacionamentos importantes em sua vida. Este livro foca a alimentação e a relação, mas recomendo que vocês pratiquem atividades físicas e alguma atividade calmante também.

Em termos fisiológicos, o estresse age sobre as glândulas suprarrenais, também chamadas adrenais, que secretam hormônios para contornar a situação em questão. Os dois mais conhecidos são a adrenalina e o cortisol. Sob estresse, as glândulas suprarrenais saudáveis aumentam a produção desses hormônios como autodefesa, com a adrenalina aumentando a energia quando necessário. Já ouviu falar no impulso de luta ou fuga? Em casos de perigo, os hormônios do estresse são liberados rapidamente para nos dar o ímpeto de sair logo da situação, seja lutando ou fugindo. Esses hormônios na verdade salvam nossa vida e são muito úteis.

O problema é quando a exceção vira regra e o estresse se torna crônico. A excessiva liberação de adrenalina pode provocar ansiedade. As queixas de insônia, fadiga, depressão, irritabilidade, compulsão alimentar (especialmente por doces), baixa imunidade e dificuldades digestivas também são comuns nesses quadros. Já o cortisol tem interferência direta no acúmulo de gordura, sobretudo na região abdominal. Se o corpo é forçado a lidar com estressores rotineiramente, dizemos que há um quadro de estresse crônico. As consequências incluem:

- Diminuição da função imunológica e maior sensibilidade a viroses.
- Queda da qualidade do sono (podemos dormir a noite toda, mas acordamos ainda cansados).
- Aumento dos níveis de gordura no sangue.
- Retenção de líquidos, resultando em inchaço e ganho de peso.
- Desequilíbrio nos mecanismos que regulam os níveis de açúcar no sangue, com maior vulnerabilidade ao diabetes.

ALIMENTOS QUE CONTRIBUEM PARA O ESTRESSE FISIOLÓGICO

- **ÁLCOOL:** muita gente bebe para relaxar, mas, na verdade, o efeito é o oposto – a combinação de bebida e estresse é mortal. O álcool estimula a liberação de adrenalina, aumentando a tensão nervosa, a irritabilidade e a insônia. Em excesso, ele estimula o acúmulo de gordura no coração e reduz a função imunológica. Diminui a capacidade do fígado de filtrar as toxinas, fazendo com que elas permaneçam no organismo, danificando-o.

- **CAFÉ, CHÁ PRETO, CHOCOLATE, REFRIGERANTES E BEBIDAS COM CAFEÍNA:** aumentam a liberação de adrenalina, elevando os níveis de estresse. Esgotam as suprarrenais responsáveis por lidar com a tensão. Aumentam o peso por alterar o metabolismo, especialmente quando combinados com uma dieta ruim.

- **FRITURAS, GORDURA SATURADA E TRANS:** aumentam os níveis de colesterol e limitam a assimilação de gorduras boas para o funcionamento cerebral.

- **SAL:** aumenta a pressão arterial e prejudica o funcionamento das glândulas suprarrenais, que nos ajudam a lidar com o estresse. A contraindicação não é apenas para o sal de cozinha. Alguns alimentos industrializados também têm excesso de sódio e são prejudiciais: temperos prontos, sopas desidratadas, caldos e extratos concentrados, amaciantes de carne, ketchup, mostarda, maionese, molho de soja, molho inglês, além de salgadinhos industrializados como chips e amendoins. Dê preferência ao sal rosa, que contém menos sódio.

- **DOCES:** fonte vazia de nutrientes, aumentam a energia a curto prazo, sobrecarregando as glândulas que nos defendem do estresse e causando exaustão, baixa concentração, irritabilidade e depressão.

- **CARNE VERMELHA:** aumenta a ansiedade e o estresse.

- Mudanças em todo o sistema hormonal, o que pode resultar em inflamação e doenças crônicas.

Como combater esse mal que nasce dentro da gente e se alimenta de itens tão presentes no nosso dia a dia?

Um programa regular de exercícios físicos ajuda a gerar uma sensação maior de bem-estar, acompanhada por um aumento de energia. A atividade física melhora o sono e prepara o organismo para enfrentar os efeitos de tanta tensão. Um programa cardiovascular, ioga, tai chi chuan, natação ou caminhada diária são algumas das diversas opções que podem ajudar a aliviar o estresse da vida do casal.

A meditação, uma das melhores técnicas de relaxamento, também é uma excelente aliada contra o estresse. Apenas cinco minutinhos por dia podem mudar a reação de vocês a esse mal. O importante é desenvolver um programa que funcione para cada um dos dois. Um pode preferir meditar todas as manhãs antes do banho, enquanto o outro acha mais conveniente praticar ao fim do dia, por exemplo. Exercícios de respiração podem acompanhar a meditação ou serem usados como uma técnica alternativa de redução de estresse.

Uma gestão melhor do tempo do casal, priorizando e organizando suas responsabilidades diárias, também diminuirá a carga total de estresse. Melhorar as habilidades de comunicação nas relações familiares ou de trabalho garantem aprimoramento da qualidade de

vida e deixam vocês menos propensos a embates desgastantes.

E, claro, uma dieta saudável, com alimentos de alta qualidade, ricos em nutrientes, permite que vocês lidem com o estresse de forma mais positiva. Além de evitar os itens que citamos na página anterior, vocês devem atentar para eventuais intolerâncias (adiante falaremos mais sobre elas).

Sono – Um grande aliado para o peso saudável

Dormir bem é essencial para a saúde. O sono insuficiente pode causar sérios danos ao organismo, especialmente a nível

ALIMENTOS ANTIESTRESSE QUE NÃO PODEM FALTAR NA COZINHA DO CASAL

- **AIPO:** recomendo quatro talos ao dia. Ele reduz a liberação dos hormônios do estresse que promovem o estreitamento dos vasos. Contém niacina, um nutriente que acalma. Consumir um talo antes de dormir melhora o sono.
- **GENGIBRE:** facilita a digestão, aumentando a absorção de nutrientes. Utilizem-no em forma de chá ou acrescente um pouco aos shakes que compõem o plano de casais.
- **ARROZ E GRÃOS INTEGRAIS:** auxiliam na síntese de serotonina, melhorando o humor e aliviando o estresse.
- **REPOLHO:** rico em vitaminas antioxidantes (A, C, E, betacaroteno e selênio), que combatem os radicais livres gerados pelo estresse e ajudam na produção da serotonina, melhorando o humor.
- **PEPINO:** tonifica o fígado favorecendo a circulação de hormônios, melhora o humor e combate o estresse. Acrescentem-no aos sucos, junto com o aipo.
- **FRUTAS RICAS EM ANTIOXIDANTES:** contêm importantes nutrientes para fortalecer o sistema imunológico. Frutas vermelhas, maçã e pêssego são bons exemplos.
- **ALHO:** ajuda na eliminação de toxinas melhorando o fluxo de hormônios e o humor, aliviando o estresse. Tem atividade antibiótica, antifúngica, antiviral e provoca melhora da pressão arterial e queda no nível do colesterol.
- **CHÁS DE ERVAS E FRUTAS:** nutrem os sistemas nervoso e glandular. Exemplos: camomila, erva-cidreira, ginseng, alcaçuz, valeriana e maracujá.
- **SEMENTES DE GIRASSOL:** ricas em vitaminas do complexo B, zinco e potássio. Repõem os nutrientes perdidos com o estresse.
- **AMÊNDOAS:** ricas em magnésio, que ajuda no funcionamento da glândula responsável por lidar com o estresse. Baixos níveis do mineral provocam tensão nervosa, ansiedade, irritabilidade e insônia. Deixem-nas de molho na véspera de comê-las para facilitar a digestão.
- **SEMENTES DE GERGELIM:** ricas em zinco, importante para a produção de serotonina. A falta desse mineral causa aumento da tensão.
- **FARELO DE AVEIA:** rico em fibras solúveis que controlam o índice de açúcar no sangue, melhora a concentração e alivia dores de cabeça.

cerebral e imunológico. Quando dormimos, o corpo entra em estado de repouso, necessário para reparar as células do nosso organismo. Dormir é essencial para manter a memória, executar as tarefas com êxito e resolver melhor os problemas do dia a dia.

A falta de sono saudável provoca uma incidência maior de problemas cardiovasculares, derrames, diabetes, hipertensão e aumento de peso. Existe ainda uma forte evidência de que o sono inadequado oferece um risco maior para o desenvolvimento de demência. Pessoas que não dormem regularmente morrem mais cedo e desenvolvem doenças com mais frequência.

Estudos recentes têm mostrado uma relação entre o sono irregular e a resistência à insulina que antecede um quadro de diabetes. Esse efeito já se manifesta com apenas dois ou três dias de sono inadequado. Quando um homem dorme mal, os níveis de grelina (hormônio que estimula o apetite) aumentam muito. Já as mulheres com sono prejudicado apresentam um quadro de queda intensa da leptina, hormônio que regula o apetite, comprometendo a sensação de saciedade. **Por diferentes causas biológicas, a privação do sono provoca aumento de peso em ambos os sexos.**

Além da insônia, outro distúrbio de sono perigoso para a boa saúde é a apneia. Ela ocorre quando a posição da língua bloqueia involuntariamente o caminho do ar, causando interrupção na oxigenação. Sem ar, o cérebro envia sinais para que a pessoa desperte, interrompendo o sono. Um dos sinais de apneia é o ronco, especialmente aquele que vai aumentando de volume e, de repente, para por completo. Ela acomete mais homens do que mulheres e é mais frequente em obesos do que em pessoas

magras, mas pode ocorrer em qualquer pessoa, até mesmo crianças.

Quem sofre de apneia do sono costuma passar o dia exausto e ter oscilações de humor. Se um de vocês suspeita que o parceiro possa ter o distúrbio, vale a pena investigar com um médico. Estudos indicam que emagrecer, mesmo que seja só 5% do peso, leva a uma melhora ou até mesmo à cura da apneia em uma parcela considerável da população que sofre desse mal.

Agora que vocês sabem da importância do sono para que tenham boa saúde e um peso adequado, sejam sinceros um com o outro e tentem criar estratégias para otimizar as horas de descanso. Vale a pena fazer um esforço para dormir todas as noites no mesmo horário, estabelecendo uma rotina saudável ligada à hora de se deitar. Apagar as luzes fortes da casa, desligar telas de TV, computador e celular, e tomar um banho morno ou um chá de camomila uma hora antes de se deitar podem sinalizar ao corpo que é hora de desacelerar. Tentem cumprir uma média de oito horas de sono por dia, mesmo quando não tiverem horário para acordar. Evitem usar medicamentos ou álcool para dormir: todos têm efeitos colaterais e vão interferir nos ciclos.

A ameaça salgada

A quantidade diária de sódio recomendada pela Organização Mundial da Saúde é inferior a 2 gramas, o que equivale a 5 gramas de sal ou uma colher de chá rasa por dia. No entanto, a última pesquisa conduzida pelo IBGE mostrou que o brasileiro ingere, em média, 4,5 gramas de sódio por dia, o que corresponde a quase 12 gramas de sal diariamente. É mais do que o dobro do recomendado. Isso se reflete nos casos crescentes de hipertensão arterial que vêm atingindo até crianças e são responsáveis em grande parte pela ocorrência de infarto do miocárdio e acidente vascular cerebral, as duas principais causas de morte no país. Dados da Sociedade Brasileira de Cardiologia mostram que, se reduzíssemos o consumo aos índices ideais, reduziríamos em 15% as mortes por AVC e em 10% as mortes por infarto, diminuindo ainda em 1,5 milhão o número de pessoas que dependem de remédio para o controle da pressão.

Estamos acostumados a ver quanto o brasileiro exagera no sal a todo momento. Antes mesmo de provar a comida de um restaurante, é muito comum que o comensal abra um sachê e esparrame 1 grama por cima dela. Isso acaba acostumando o paladar ao excesso de sal. Para substituí-lo, sempre recomendo o uso de temperos naturais secos e frescos como orégano, alecrim, manjericão, hortelã, cebola e tomate. Pode-se também bater o próprio sal, de preferência marinho ou rosa com esses temperos secos, o que dá um sabor todo especial à mistura.

Os tipos de sal chamados de light têm menos sódio e mais potássio, o que teoricamente é benéfico para quem tem pressão alta. Mas como o potássio não salga tanto, muitos acabam usando mais do que o recomendado, e o efeito benéfico é anulado. Outro cuidado importante com relação a essas alternativas é se certificar de que o produto não contenha em sua composição glutamato

OS TIPOS DE SAL

- **SAL REFINADO:** Apesar de ser um dos mais consumidos no mundo, é o que possui menos nutrientes, por ser resultado do processo químico do refinamento. De acordo com as leis brasileiras, o sal refinado (ou de cozinha) deve conter iodo para prevenir o bócio (crescimento anormal da glândula tireoide). Pelo alto teor de sódio em sua composição, o ideal é consumir no máximo 2 gramas por dia.

- **SAL GROSSO:** Produto não refinado, apresentado na forma que sai da salina. Em culinária, é usado em churrascos, assados e peixes curtidos. Deve ser consumido com parcimônia, pois o consumo exagerado trará os males já citados.

- **SAL MARINHO:** Muito usado na alimentação funcional, o sal marinho contém naturalmente cálcio, magnésio e outros minerais, como resultado de não ter passado pelo processo de refinamento.

- **SAL LIGHT:** indicado para hipertensos, a versão light tem 50% menos sódio que o sal de cozinha, porém não é recomendado para quem tem problemas renais, porque contém potássio. Com um sabor mais suave, deve-se ficar atento para não salgar demais a comida e anular o benefício de possuir menos sódio.

- **FLOR DE SAL:** Produto dos primeiros cristais de sal que se formam e permanecem na superfície das salinas, criando uma finíssima película. É composto por ferro, zinco, magnésio, iodo, flúor, sódio, cálcio, potássio e cobre, e não sofre nenhum processo de refinação. Seus grãos são transparentes e têm uma textura crocante, o que justifica seu uso na gastronomia.

- **SAL ROSA DO HIMALAIA:** Considerado um dos sais mais puros do mundo, esse sal de coloração rosada é colhido em depósitos milenares de sal na cadeia montanhosa do Himalaia. Rico em minerais como magnésio e cobre, sua composição tem pouca concentração de sódio, o que garante outras propriedades além do sabor salgado.

- **SAL HAVAIANO:** De cor avermelhada, resultante de dióxido de ferro, esse sal é composto pela argila alaeca. A quantidade de sódio é praticamente a mesma do sal comum, porém tem um sabor suave.

- **SAL NEGRO:** De origem indiana, é recolhido em regiões vulcânicas e utilizado em tratamentos de medicina aiurvédica. A quantidade de enxofre, mineral comum nessas áreas, resulta em uma coloração acinzentada e ao mesmo tempo rosada. Tem pouco sódio e seu consumo é recomendado a hipertensos.

- **SAL SABORIZADO/TEMPERADO:** Consiste em qualquer tipo de sal moído com ervas ou legumes desidratados. Pode ser comprado em supermercados ou empórios, mas não é difícil de fazer em casa.

monossódico, usado exatamente para dar um sabor mais salgadinho aos temperos. Esse aditivo é sabidamente neurotóxico, isto é, faz muito mal aos neurônios. Fujam de todos os produtos que contêm esse componente, como é o caso dos temperos prontos em cubo ou em pó e de muitos molhos tipo shoyu.

Toxinas – O inimigo oculto

Para durarem mais tempo na prateleira e ficarem com aparência e textura agradáveis, os alimentos industrializados – biscoitos, batatas fritas congeladas, molhos, condimentos e refeições prontas – contêm uma vasta gama de conservantes, corantes, adoçantes, ácidos e aditivos, que, por serem moléculas sintéticas, não são bem reconhecidas pelo nosso organismo. Além de gerar alergias alimentares, essas toxinas sobrecarregam o fígado, órgão responsável por processar tais substâncias químicas. Para piorar a situação, muitas são potencialmente cancerígenas.

O consumo excessivo de alimentos processados é hoje uma das principais causas da obesidade e do sobrepeso, pois o local preferido de armazenamento dessas toxinas é no tecido de gordura. Isso significa que as pessoas mais gordas têm mais acúmulo de toxinas que as mais magras. É justamente esse acúmulo que dificulta a mobilização da gordura, tornando o emagrecimento mais difícil. Instala-se assim o círculo vicioso.

Para eliminar toxinas, nosso fígado precisa de mais de 20 tipos diferentes de nutrientes. Hoje as pessoas estão consumindo muitos alimentos diet/light (ou seja, alimentos industrializados cheios de componentes químicos, e com baixo valor nutricional). Assim elas se intoxicam mais e têm menos nutrientes para ajudar na desintoxicação, continuando a ganhar cada vez mais peso. Essas toxinas, além de se acumular no seu tecido de gordura, podem interferir:

- no funcionamento da tireoide, responsável pelo nosso metabolismo;
- no apetite, desregulando o mecanismo de fome e saciedade;
- na maneira como "queimamos" os alimentos e obtemos energia deles.

Uma solução para quebrar o círculo vicioso é aumentar o consumo de nutrientes através da ingestão de alimentos frescos e naturais, capazes de nutrir e ao mesmo tempo desintoxicar as células do corpo. A boa notícia é que são justamente esses alimentos que estão presentes em abundância no plano dos casais.

Muito além dos hábitos – Fatores metabólicos

Nosso corpo é formado por 100 trilhões de células. Para que cada uma delas cumpra seu papel com precisão é necessário que tenham ferramentas específicas e energia, que, por sua vez, vêm dos nutrientes que ingerimos. Às vezes, quando há uma carência nutricional ou um excesso de toxinas no organismo, o funcionamento e a comunicação entre as células ficam prejudicados. É aí que aparecem os sintomas de mal-estar, que podem se apresentar de várias formas, tanto físicas (rinite, enxaqueca, queda de cabelos, celulite, prisão de ventre) quanto emocionais (depressão, ansiedade, excesso ou falta de apetite, compulsão por doces).

O que poucas pessoas sabem é que somente 10% dessas células contêm o nosso DNA. O resto vem de células de diversos micro-organismos que vivem dentro de nosso corpo e formam o que é conhecido como microbiota humana. Estudos recentes indicam que esses micro-organismos têm um papel importante também no nosso peso e em várias funções responsáveis por nossa saúde como um todo.

A microbiota humana

Os micro-organismos que compõem a microbiota humana, sendo a maioria deles bactérias que vivem em nosso trato intestinal, evoluíram conosco ao longo de milhares de anos e são essenciais para a execução de tarefas básicas do dia a dia. Eles afetam não só a digestão como também o sistema imunológico e as funções neurológicas. Perceber que 90% do material genético do nosso organismo vêm de bactérias e outros micro-organismos pode parecer nojento, mas na verdade é mais um sinal de como nosso corpo é inteligente: ele "terceiriza" várias funções para esses organismos, que vivem em simbiose conosco e nos ajudam a nos adaptar ao meio ambiente. Mas o que isso tem a ver com nosso peso?

Estudos diversos demonstram uma ligação entre a microbiota e a obesidade. Um artigo clássico publicado em 2006 na renomada revista científica *Nature* indica a presença de uma microbiota intestinal obesogênica em pessoas com excesso de peso. Isso significa que os micro-organismos presentes nessas pessoas extraem muito mais calorias dos alimentos consumidos do que os presentes em alguém magro, constituindo um círculo vicioso rumo à obesidade. É por isso que algumas pessoas gordas, por mais que restrinjam as calorias, têm tanta dificuldade em emagrecer. E isso explica também por que certos indivíduos engordam com tanta facilidade. Além dos quilinhos a mais, várias doenças crônicas associadas ao excesso de peso – diabetes, esteatose hepática (gordura no fígado), síndrome metabólica – podem ter sua origem no desequilíbrio da microbiota obesogênica.

Quando a microbiota não se encontra em seu estado ideal – ou seja, quando há um desequilíbrio dos micro-organismos que vivem no trato intestinal –, dizemos que há uma *disbiose*. Nesse caso, micro-organismos normalmente inofensivos que constituem a flora bacteriana se tornam nocivos, desestabilizando a harmonia do corpo. Podem ocorrer problemas de pele como psoríase, eczema, urticária e acne, ou problemas articulares como dores, inflamações e inchaço nas articulações. Até o sistema neurológico pode ser afetado: déficit de atenção, hiperatividade infantil, autismo e depressão podem ser exacerbados.

A disbiose é uma ameaça desde o momento em que nascemos. Visto que o feto é praticamente estéril, o primeiro e principal ato de colonização do ser humano pelas bactérias que compõem a microbiota é o nascimento. No parto normal, as bactérias benéficas da mãe são transferidas para o bebê, primeiro através do canal vaginal e depois pela pele e pelo leite materno. Sendo assim, a cesariana e o nascimento prematuro são fatores de risco, pois colocam o recém-nascido em contato com bactérias diferentes logo nas primeiras horas de vida. Também contribuem para o desequilíbrio da microbiota o desmame precoce e a introdução de alimentos na dieta do bebê antes do prazo recomendado – ou seja, quando não é feita amamentação exclusiva no peito até os seis meses. Pesquisadores dizem que os primeiros três anos de vida são essenciais para o estabelecimento da microbiota do indivíduo.

Mas antes que você se desespere porque não nasceu de parto normal ou tomou pouco (ou nenhum) leite materno, saiba que o desequilíbrio da microbiota é recuperável. Um dos passos é através da reposição de bactérias boas. Chamadas de probióticos, quando vivas e em número adequado têm efeitos benéficos na restauração desse equilíbrio. A reposição de probióticos ajuda a normalizar o funcionamento intestinal, o que favorece a imunidade e melhora os processos inflamatórios. Também reduz os episódios de diarreia e o risco de câncer no intestino, além de controlar os sintomas da síndrome do cólon irritável e outros distúrbios inflamatórios do intestino como a doença celíaca e a distensão abdominal. A incidência de intolerâncias alimentares diminui, assim como o risco da obesidade e das doenças crônicas relacionadas a ela. Diminuem também a incidência de candidíase vaginal e de infecções urinárias.

As bactérias probióticas estão disponíveis em leites e iogurtes fermentados e suplementos em cápsulas ou sachês. A primeira opção, no entanto, pode não ser tão efetiva, pois a maior parte dos leites fermentados do mercado contém açúcar, que nutre as bactérias nocivas. Além disso, os probióticos são muito sensíveis a mudanças de temperatura, o que ocorre muitas vezes no supermercado ou durante o transporte do produto. As cápsulas e os sachês contendo lactobacilos e bifidobactérias de diferentes tipos (*Lactobacillus acidophilus*, *Lactobacillus casei*, *Bifidobacterium bifidum*, *Bifidobacterium infantis*, etc.) são facilmente encontrados em lojas de produtos naturais e podem ser usados por pessoas de todas as faixas etárias, sem efeitos colaterais, com orientação de um profissional capacitado na área. Em média, no primeiro mês de mudanças na alimentação e reequilíbrio da flora intestinal já se tem uma melhora expressiva, que se firma com o uso do suplemento.

COMO PRESERVAR SUA MICROBIOTA

As medidas listadas a seguir podem proteger a microbiota e devem ser adotadas no dia a dia do casal:

- Mastigar bem os alimentos. Não há um número certo de mastigadas por minuto, mas podemos considerar ideal chegar ao momento em que o alimento atinge a forma pastosa.
- Evitar líquidos durante as refeições, principalmente refrigerantes. O ideal é não tomar nada, mas, se for muito difícil, beba pouco, de preferência menos de um copo pequeno. Em tese, qualquer quantidade acima de 100ml pode prejudicar o processo digestivo.
- Tomar chás digestivos logo após as refeições, como de hortelã, erva-cidreira, capim-limão, entre outros.
- Ingerir durante o dia uma boa quantidade de fibras proveniente de frutas (de preferência com a casca), legumes, verduras, leguminosas (feijão, lentilha, grão-de-bico, soja, fava), sementes (linhaça, de girassol, de abóbora, etc.) e biomassa de banana verde. Quanto mais variedade, melhor.
- Garantir diariamente os seguintes nutrientes que beneficiam o intestino: vitamina E (óleos e sementes), ácido fólico (folhas verde-escuras cruas, grão-de-bico, lentilhas e feijões), vitamina A (hortaliças verdes e frutas), zinco (frutos do mar, feijões, oleaginosas) e o ácido pantotênico presente na vitamina B_5 (grãos integrais, lentilhas, batata-doce, salmão, sementes oleaginosas).

- Evitar comer açúcar ou doces; eles alimentam as bactérias nocivas e os fungos e podem exacerbar o desequilíbrio.

- Deixar de lado alimentos processados, industrializados e cheios de corantes e conservantes. Eles não possuem nada que ajude a manter a integridade da parede intestinal, além de contribuírem para a incidência de alergias e para a baixa imunidade.

- Usar o máximo possível de condimentos secos ou frescos para temperar a comida. Alecrim, orégano, gengibre, curry, canela, menta e hortelã, entre outros, ajudam a equilibrar a flora intestinal, seja por ajudar no controle de fungos, bactérias e parasitas, seja simplesmente por serem digestivos. O mesmo acontece com algumas sementes como as de melão, melancia e abóbora.

- Limitar a quantidade de proteínas e gorduras das refeições. O excesso no consumo desses alimentos, como ocorre nas dietas sem carboidratos, desequilibra a flora intestinal.

- Não ficar em jejum. As dietas malucas e a crença errada de que ficar sem comer ajudam no emagrecimento estão acabando com o equilíbrio e a saúde do intestino. Para ser saudável, assim como nós, esse órgão precisa da energia que provém da comida.

- Procurar não se estressar demais, principalmente na hora das refeições, pois a tensão dificulta a digestão e prejudica o equilíbrio da microbiota intestinal. As refeições devem acontecer num local calmo e não é aconselhado trabalhar, ler, assistir à TV ou responder e-mails enquanto come.

- Tomar antibióticos e anti-inflamatórios em último caso, somente quando houver uma necessidade real. As medicações são o que mais interfere no equilíbrio da flora intestinal.

- Investigar pelo menos uma vez ao ano se há algum tipo de parasita (verme) no intestino.

- Consumir prebióticos diariamente. As maiores fontes de prebióticos são alho, cebola, alho-poró, alcachofra, aspargo e chicória. A banana verde também é uma opção excelente e pode ser ingerida na forma de biomassa. A biomassa ou a farinha de banana verde podem ser encontradas em lojas de produtos naturais. Estão também comercialmente disponíveis na forma de fruto-oligossacarídeos ou inulina.

CUIDADO COM AS DIETAS DE PROTEÍNAS

A dieta de proteínas, que surge no mercado com nomes diferentes (geralmente batizados pelo seu "criador"), vem crescendo em popularidade por apresentar um resultado rápido: perde-se peso logo nas primeiras semanas. O efeito, no entanto, não é duradouro. E pior: o alto teor de proteína nessas dietas causa um grave desequilíbrio intestinal, o que pode ser bastante perigoso a longo prazo. Estudos hoje apontam que quatro dias desse tipo de dieta são suficientes para proporcionar uma alteração significativa na microbiota intestinal.

Com a eliminação de frutas, legumes, verduras e grãos, fica difícil obter os nutrientes necessários para o bom funcionamento do intestino. Lembrando que por "funcionamento do intestino" não estou me referindo somente ao ato de ir ao banheiro, e sim a todas as funções importantes desse órgão, incluindo seu papel central nos sistemas imunológico e neurológico. Com o excesso de proteínas e gorduras, o intestino multiplica o número de bactérias nocivas em detrimento das probióticas, estabelecendo assim o desequilíbrio que, por sua vez, resulta em gases, mau hálito, maior suscetibilidade a infecções e problemas na regulagem do humor e em outras funções neurológicas. O consumo exagerado também aumenta o risco de doenças cardíacas, a concentração de gordura no fígado e, a longo prazo, a obesidade.

A ideia não é vilanizar as proteínas. Elas são essenciais numa dieta saudável. Mas o organismo precisa dos nutrientes e da fibra presentes em grãos, frutas, legumes, verduras, sementes e feijões. Portanto, muita cautela com as dietas que pedem para eliminar esses alimentos.

Intolerância alimentar

Outro grande vilão do metabolismo são as intolerâncias. Como vimos antes, a Nutrição Funcional mostra que o alimento é ao mesmo tempo o melhor remédio e o pior inimigo. Chamamos de intolerância alimentar as reações orgânicas crônicas que nosso organismo sofre ao entrar em contato com alimentos agressivos. A reação do corpo a esses alimentos é diferente das provocadas por alergias, que se manifestam aproximadamente 30 minutos após a refeição, com a liberação de substâncias que causam urticária, coceira, coriza, lacrimejamento, asma e, em casos mais extremos, até mesmo edema de glote, com sufocamento. A intolerância também faz com que as células se defendam, mas isso não acontece de imediato, podendo ocorrer de duas horas a até quatro dias após o consumo do agente "culpado".

Meu papel como nutricionista é definir, a partir das características específicas dos pacientes, como tirar melhor proveito do que a comida oferece, mapeando os alimentos que prejudicam o bom funcionamento do organismo. Dou especial atenção à questão das intolerâncias e alergias. Para evitar a confusão dos termos, prefiro usar com meus pacientes uma terminologia bem mais simples: alimentos bons e alimentos ruins, que variam dependendo de cada pessoa. Afinal, seja por alergia ou intolerância, deve-se ficar longe das comidas que prejudicam e provocam mal-estar.

Há muitos alimentos comuns e saudáveis para a maioria das pessoas que, quando consumidos em excesso ao longo da vida, podem sobrecarregar o sistema imunológico e desencadear sintomas desagradáveis. Independente do seu valor nutritivo e de serem importantes na pirâmide alimentar, o consumo excessivo de trigo (glúten), laticínios e ovos, por exemplo, pode ser responsável por sintomas que aparentemente nada têm a ver com comida, como falta de energia, dores articulares, insônia, TPM severa ou baixa imunidade. A intolerância pode provocar também compulsão alimentar e má digestão, entre outros males.

Além da monotonia à mesa, o aumento do estresse sobre o sistema imunológico tem piorado o quadro de intolerâncias nas últimas décadas. Ele poder ser provocado pela poluição do ar, da água e dos alimentos, assim como por manipulação genética de comida e plantas, e uso excessivo de antibióticos e promotores do crescimento.

O quadro da página a seguir resume os principais sintomas por órgão ou sistema afetado e lista os alimentos mais implicados.

Descobrir que alimentos que adoramos e sempre pareceram saudáveis na verdade agridem nosso organismo é no mínimo surpreendente e muitas vezes revoltante. O pior é que em muitos desses casos o processo já durava anos e só foi identificado por causa de algum desequilíbrio orgânico, que provoca a manifestação dos sintomas. No trabalho diário em minha clínica, mapeio os itens bons e ruins para cada paciente a partir do levantamento de sinais e sintomas relatados por eles e dos exames disponíveis. Na hora de desenvolver o plano alimentar para casais, retirei, da Fase 1, alguns "culpados clássicos" que costumam atingir grande parte da população: trigo, leite de vaca, ovo, fermento e leveduras. Para saber exatamente quais são os inimigos específicos do seu organismo, é necessário consultar um especialista.

Será que vocês imaginavam que havia tantos fatores envolvidos no ganho de peso? Não se preocupem: sabendo mais sobre o que nos faz engordar e os processos metabólicos que regem o nosso organismo, fica bem mais fácil trabalhar para jogar fora os quilos a mais que incomodam o casal. A minha abordagem personalizada para a Nutrição Funcional será a nossa maior aliada. Vamos em frente?

SINTOMAS SUGESTIVOS DE INTOLERÂNCIA ALIMENTAR

CABEÇA

Sintomas: dor de cabeça crônica, enxaqueca, insônia ou dificuldade para dormir.

Alimentos mais implicados: leite e derivados, cafeína, açúcar, chocolate, aspartame, embutidos, trigo, conservantes, glutamato monossódico, frutas cítricas.

PELE

Sintomas: psoríase, eczema, pele seca, sudorese excessiva, acne, queda de cabelo.

Alimentos mais implicados: ovo, leite e derivados, trigo, soja, amendoim, açúcar.

MÚSCULOS E ARTICULAÇÕES

Sintomas: fraqueza muscular, dores, artrite.

Alimentos mais implicados: trigo, leite e derivados, milho, chocolate, batata, tomate, carne bovina, carne suína, embutidos.

OLHOS, OUVIDOS E NARIZ

Sintomas: coriza, zumbido no ouvido, problemas nos seios paranasais, olhos lacrimejantes, infecções auditivas, formação excessiva de muco.

Alimentos mais implicados: leite e derivados, ovo, trigo, peixes e frutos do mar, soja, amendoim, açúcar, milho, levedura, frutas cítricas.

CORAÇÃO, PULMÃO E SISTEMA CARDIOVASCULAR

Sintomas: arritmia, taquicardia, congestão pulmonar, bronquite, falta de ar, hipertensão arterial.

Alimentos mais implicados: leite e derivados, ovo, trigo, soja, amendoim, milho, cafeína, carne bovina, glutamato monossódico, chocolate, frutos do mar.

SISTEMA GASTROINTESTINAL

Sintomas: náuseas, vômito, constipação, diarreia, síndrome do intestino irritável, gases, dor abdominal.

Alimentos mais implicados: leite e derivados, açúcar, trigo, ovo, milho, soja, carne suína, carne bovina, cafeína.

ENERGIA E HUMOR

Sintomas: fadiga, depressão, lapsos de memória, hiperatividade, flutuações de humor, ansiedade, tensão, medo, nervosismo, comportamento agressivo, compulsão, confusão mental, baixa concentração.

Alimentos mais implicados: leite e derivados, açúcar, corantes e aromatizantes, glutamato monossódico, trigo, milho, cafeína, levedura.

Bárbara & Leonardo

A nossa cumplicidade aumentou. Motivamos um ao outro, ressaltando os motivos que nos levaram a aderir ao programa. Além disso, a autoestima e a percepção de que somos capazes de mudar fortaleceram o nosso vínculo, na medida em que percebemos que mudar nossa vida como casal nos aproxima, ao passo que mudar o estilo de vida individualmente afasta e até exclui. Ganhamos mais disposição e diminuímos bastante a ansiedade.

O CASAL NA VIDA REAL

Antes de iniciar a reeducação alimentar e conhecer a Nutrição Funcional, a escolha dos alimentos de Bárbara (29 anos) e Leonardo (33 anos) era baseada apenas na vontade de comer. Frequentavam rodízios e restaurantes de fast-food cerca de quatro dias na semana. Louca por doces, Bárbara não gostava de nenhum tipo de legume ou verdura, só de uma ou outra fruta. Já Leonardo nunca tomava café da manhã, mas bebia mais de um litro de café e, durante o dia, ingeria muita proteína animal e quase nada de fibras.

Sem controle algum, eles se deram conta de que haviam engordado 10 quilos em poucos meses, o que os incomodou e assustou. Tentaram reverter o quadro com exercícios físicos – Bárbara fazendo pilates uma vez por semana e Leonardo com musculação de quatro a cinco vezes por semana –, mas, sem uma alimentação adequada, o efeito foi pequeno. Junto com os quilos extras vieram sintomas que começaram a afetar as atividades diárias, inclusive no trabalho, como dores de cabeça, fadiga e indisposição. Bárbara em especial se queixava de alergias diversas, rinite, bronquite, asma, além de acne, que afetava sua autoestima. Tudo isso causava um mau humor terrível, que era compensado com comida, mas logo voltava, fechando um círculo vicioso de compulsão, frustração e mal-estar.

Os dois estavam bastante ansiosos na primeira fase do programa, pois tinham receio de não se adaptar a tantas privações. Isso me fez acompanhar o casal mais de perto, por e-mail, telefone e redes sociais, e logo percebi que estavam se saindo muito bem! Sem fome e sem vontades específicas, eles se sentiam donos deles mesmos.

"No início tivemos dificuldade em nos manter no programa por conta do apego aos antigos hábitos, e sentimos fome. No entanto, ao final desta fase nos surpreendemos com o peso eliminado e com a perda de medidas."

Bárbara sentiu certa dificuldade com o shake no início, então fui sugerindo novas combinações. Apresentei também molhos diferentes para a salada a fim de torná-la mais atrativa. Bárbara contou:

"Sem dúvida minha maior dificuldade foi abrir mão de glúten e lactose. Retirar o glúten significou mudar de grupos sociais, alterar atividades cotidianas, transformar atividades familiares, e se não fosse em casal teria sido impossível."

Precisei usar alguns "SOS doces" para Bárbara, como alfarroba ou chocolate 70%, e ela se adaptou bem e não apresentou mais episódios compulsivos. Os dois tinham trauma de sopas, pois passaram alguns anos da vida com dietas da sopa, então à noite ficavam mais contentes com a opção da proteína vegetal acompanhada de legumes e verduras bem temperadinhos.

Leonardo sentiu muita falta do café no primeiro dia e com isso teve um pouco de dor de cabeça, mas bastou um golinho para sair da crise de abstinência. Sempre que sentia um pouquinho de fome ou vontade de comer, caprichava na água e ficava bem. Ela relatou o seguinte:

"Houve vários momentos em que pensamos em desistir. Os períodos que sucedem a Fase 1 são longos, e quando não se associam a atividades físicas não surtem efeitos tão rapidamente. Ver Leonardo engajado na corrida, emagrecendo rápido e sendo elogiado por todos enquanto eu emagrecia devagar foi doloroso e me fez questionar várias vezes se fazer a mesma dieta era adequado. Afinal, apesar de sermos um casal, temos níveis de ansiedade e outras peculiaridades diferentes. Leonardo por sua vez quis desistir no momento em que considerou ter atingido seu objetivo. Mas superamos as dificuldades conversando e incentivando um ao outro, e vimos que valia a pena."

Na segunda fase ficaram animados com o resultado rápido e perceberam que não era mais uma dieta maluca da moda, mas um processo de mudança de hábitos que envolvia comida de verdade. Em meio ao projeto fizeram duas viagens de férias e ainda assim conseguiram ótimos resultados. Mantiveram os exercícios e sempre andavam com snacks funcionais na bolsa para os momentos em que não tinham muitas opções.

"A segunda fase, por ser mais longa que a primeira, exigiu que mudássemos nossa rotina. Não foi possível fugir de compromissos – tivemos que encará-los. Buscamos sempre locais com opções mais saudáveis e variadas, e passamos a fazer as refeições antes de sair de casa para não sermos pegos de surpresa pela fome."

Chegada a terceira fase, alcançaram a meta de peso e livraram-se de todos os sintomas que os perseguiam. Ganharam ânimo e disposição, e não se queixaram mais de dores de cabeça. Leonardo libertou-se do vício do café, que tem tomado com muita moderação, e bebe bastante água ao longo do dia. E Bárbara não apresenta mais tosse, espirros, coceiras, secreções retidas ou qualquer outro sintoma alérgico. Segue adorando os comentários de que está "muito fininha" e que a pele está ótima.

"O que vamos levar para a vida é a compreensão de que a comida tem uma função no seu organismo. Por isso é importante ingerir aquilo que vai fazer bem e pensar sempre por que está comendo determinado alimento. Hoje em dia, quando temos nossa refeição livre semanal e nos afastamos muito do programa, a reação do corpo é imediata. Sentimos aquele prazer momentâneo, mas no dia seguinte é como se estivéssemos de ressaca. Nosso organismo vivia constantemente inflamado, mas, como sentíamos aqueles sintomas todos os dias, de manhã, tarde e noite, achávamos que aquilo era o normal, e agora sabemos o que é o novo normal."

Peso inicial Bárbara: 83,4kg
Peso inicial Leonardo: 87,4kg

Resultados em 3 meses

	PESO	GORDURA	CINTURA	QUADRIL
Bárbara	-6,9kg	-4,9kg	-10,5cm	-8,3cm
Leonardo	-3,9kg	-4,2kg*	-16,2cm	-10,5cm

* Houve mais perda de gordura do que de peso porque no processo o Leonardo também ganhou massa magra.

Kitchen Scales
lbs

PARTE 2

O PLANO ALIMENTAR

CAPÍTULO 3

O plano alimentar para casais

Agora que vocês já entenderam os benefícios da Nutrição Funcional e traçaram suas metas individuais, é hora de sair da teoria e partir para a ação. Neste capítulo, vocês vão ver os detalhes do plano alimentar para casais, que envolve **se nutrir com alimentos que fazem bem ao corpo a curto e a longo prazo**. A meta é melhorar a saúde para, assim, perder peso, ganhar qualidade de vida, vitalidade e, claro, beleza.

Para trabalhar a favor do organismo, o plano prioriza ingredientes de alta densidade nutricional – isto é, alimentos ricos em vitaminas, minerais e fitonutrientes – e também leva em conta aspectos individuais, como idade e gênero. Ele foi desenvolvido para incentivar o consumo de alimentos que atendam às necessidades específicas de cada membro do casal, além de propiciar a perda de peso. É aí que entram os alimentos funcionais, escolhidos a dedo e inseridos de forma fácil e prática no cotidiano.

Além dos cardápios para o café da manhã e os lanches, as principais refeições do dia foram elaboradas para aumentar a saciedade e a saúde, sem comprometer o sabor. Predominam os alimentos com fibras, bons carboidratos, proteínas e gorduras essenciais. Graças à variedade de itens permitidos, fica mais fácil se afastar daqueles potencialmente nocivos, que devem ser evitados durante o plano: farinhas e açúcares refinados, alimentos altamente processados, corantes e comidas com alto teor de gordura saturada, hidrogenada ou trans.

SHAKES

Os shakes são um dos pilares do plano alimentar dos casais. Um dos seus principais benefícios é a oportunidade de reunir grande quantidade de nutrientes e proteínas vegetais de forma simples e prática, podendo ser incorporados facilmente à rotina atribulada do casal. Em apenas um copo juntam-se fontes de boas gorduras, proteínas de alta qualidade, frutas com atividade antioxidante, sementes ricas em fibras e até mesmo verduras. Além de serem de fácil digestão, pois todos os ingredientes encontram-se crus e já batidos no liquidificador, são práticos para as manhãs atarefadas, sendo o alimento perfeito para o café da manhã e a ceia.

O ideal é usar sempre ingredientes frescos, mas vocês também podem usar frutas congeladas, que deixam a bebida mais cremosa. Tenham sempre no freezer banana, mamão, goiaba, morango e outras frutas lavadas e cortadas, em um recipiente de vidro untado com óleo de coco. Se precisarem de um esquema ainda mais prático, deixem tudo preparado para cada shake dentro de um saquinho tipo zip: os cubos do leite vegetal + a porção certa de fruta + a porção certa de fibras ou de boas gorduras. Assim, basta abrir o saquinho e bater o conteúdo com um pouco de água. Vocês podem ainda separar o shake pronto em garrafinhas pequenas e congelá-lo.

O programa está dividido em três etapas, que podemos comparar com as fases do relacionamento.

Na Fase 1, **Descobrimento**, o casal deve priorizar itens com alta densidade nutricional. Ela dura uma semana e serve para eliminar toxinas do organismo e nutri-lo somente com alimentos benéficos. O cardápio diário inclui dois shakes, um litro de chá funcional, uma porção do alimento funcional indicado para cada um e duas refeições com proteína vegetal, verduras e legumes variados, além de frutas, nozes e sementes com gorduras boas na hora do lanche. Nesta fase não há consumo de alimentos de origem animal, açúcar, farinha de trigo, glúten nem comidas processadas.

Começamos nosso programa em clima de início de namoro: ambos estão animados com a perspectiva de sucesso, curiosos para saber mais do outro e aprendendo aos poucos a lidar com as diferenças. Nesta etapa, vocês entram em contato com os princípios da Nutrição Funcional na prática, percebendo do que gostam mais e o que não vai funcionar no prato de vocês, e entendendo quais serão as dificuldades. Como na fase "lua de mel" de um namoro, trata-se de um período intenso, de quebra total da rotina. A ideia é livrar o organismo de comidas prejudiciais e expô-lo somente ao que faz bem ao casal, respeitando as necessidades de cada um.

Na Fase 2, **Compromisso**, os primeiros resultados começam a aparecer e vocês já sentem os benefícios não só nas medidas como também no bem-estar. É hora de manter o acordo e avançar. Essa etapa demora o tempo necessário para que cada um atinja sua meta, focando os alimentos frescos e funcionais, mas com alguma flexibilidade para se encaixar no dia a dia do casal, permitindo uma perda de peso contínua e sustentável. Os shakes e os chás continuam compondo o cardápio, bem como as verduras, os legumes e as castanhas (oleaginosas), mas nessa etapa as proteínas animais passam a ser permitidas com parcimônia. Em quantidades limitadas, entram também o pão sem glúten e os lácteos, mas as reações no organismo devem ser sempre observadas. Se vocês perceberem que um desses alimentos faz mal, convém mantê-lo ainda afastado da dieta.

Quando ambos atingem a meta de peso, inicia-se a Fase 3, **Fidelidade**. O objetivo é manter os benefícios da alimentação

funcional, mas com liberdade para desfrutar de comidas menos saudáveis em ocasiões sociais, de vez em quando, sem perder a linha. Os shakes e os chás funcionais podem continuar fazendo parte da rotina do casal, mas não são obrigatórios. Os alimentos funcionais permanecem, firmes e fortes. O ideal é que o casal não volte a comer diariamente carne, laticínios e produtos com trigo, pois são itens muito implicados em sintomas de intolerância alimentar.

Vale observar, mais uma vez, a individualidade da reação do organismo: se perceberem que alguns sintomas negativos voltaram, seja por conta dos laticínios ou do trigo, é melhor reduzir o consumo do alimento agressor. Se esse for o caso, o ideal é cortar o consumo para duas vezes na semana em dias não consecutivos, a fim de amenizar o efeito. Nos fins de semana vocês terão um pouco mais de liberdade, pois poderão incluir no sábado ou no domingo uma refeição livre, ou uma sobremesa ou uma dose de bebida alcoólica, como uma taça de vinho, por exemplo.

Para não correr o risco de "chutar o balde" e voltar aos hábitos que fizeram vocês engordarem, é importante seguir uma rotina de alimentação saudável e funcional durante a semana. Em casa, mantenha a geladeira e a despensa cheias de alimentos nutritivos, deixando as guloseimas para os eventos sociais – consumindo sempre com moderação. Quando possível, continuem explorando a culinária vegetariana e os pratos feitos com alimentos funcionais, diversificando e inovando sempre, para não cair no tédio.

O que as três fases têm em comum é a inclusão diária de shakes com leites vegetais, chás funcionais e alimentos funcionais.

Para preparar o seu cardápio, é indispensável conhecer o alimento funcional e o chá funcional mais indicados para sua idade e seu gênero. Para isso, consulte a tabela na página ao lado.

Dica: *Estudos apontam que homens que bebem pelo menos duas xícaras de chá por dia têm maior perda de gordura na região do abdômen do que os que consomem café.*

Alimentos funcionais por faixa etária e gênero:

		ALIMENTOS FUNCIONAIS	CHÁS
20 – 30 ANOS	**Mulheres**	Spirulina Goji berry Farelo de aveia	Hibisco Canela Gengibre Jasmim
	Homens	Óleo de coco	Branco Garcínia
30 – 40 ANOS	**Mulheres**	Brócolis Linhaça	Centelha Castanha-da-índia Rosa branca
	Homens	Suco de uva Mirtilo Amêndoas Canela	Hibisco *Citrus aurantium*
40 – 50 ANOS	**Mulheres**	Linhaça Uva vermelha Broto de alfafa	Cavalinha Lótus Erva-cidreira
	Homens	Abacate Chia Cacau	Dente-de-leão Ipê-roxo
ACIMA DOS 50 ANOS	**Mulheres**	Maca peruana Ginseng	Folha de amora Angélica
	Homens	Tomate Semente de abóbora Óleo de semente de abóbora Pistache / Cacau	Ginseng Alcaçuz

Qualquer que seja a fase, algumas regras gerais devem ser seguidas para obter sucesso na Dieta dos Casais:

- Inclua proteína vegetal na maior parte das refeições;
- Divida os lanches entre as duas refeições principais (ou, se não sentir fome, deixe para consumir um dos lanches antes de dormir);
- Priorize ervas e condimentos naturais; não use temperos industrializados e processados, como caldos e molhos prontos;
- Evite os adoçantes artificiais. Embora contenham poucas calorias, não são benéficos e podem aumentar a compulsão por doces;
- As frutas devem ser consumidas sempre acompanhadas de boas gorduras ou fibras.

Com relação ao tamanho das porções, não é necessário pesar os alimentos. A pesagem é cansativa, complicada e tem um efeito psicológico nocivo; fica uma sensação de privação que o cérebro entende como fome. Por outro lado, se não houver nenhum controle sobre a quantidade consumida, você corre o risco de não emagrecer. Por isso, neste plano, a ideia é usar a palma da mão (um punhado) ou uma colher de servir (usada geralmente para arroz) como referência para o tamanho das porções. As imagens abaixo servem como guia.

Nas próximas páginas, vocês poderão entender melhor quais são os grupos alimentares permitidos na Dieta dos Casais. Cada um deles é apresentado com uma lista de alimentos saudáveis e deliciosos para serem incorporados à sua rotina. Como parte do seu planejamento, você pode anotar os favoritos na sua lista de compras ou simplesmente tirar uma foto das páginas e recorrer à imagem quando for à feira ou ao mercado.

Depois que estiverem familiarizados com os alimentos, apresentaremos o plano completo dividido por fases, contendo todas as refeições do dia.

Talvez vocês se sintam assustados com o tamanho da mudança, especialmente na Fase 1. É importante lembrar que qualquer alteração na alimentação fica mais fácil à medida que o tempo passa. Ao contrário de algumas dietas populares que podem fazer mal a longo prazo, destruindo a microbiota, desacelerando o metabolismo e causando deficiências nutritivas, o programa dos casais só melhora o organismo com o passar do tempo. E os resultados vão muito além do peso. Confiem em mim e nas pessoas que conquistaram suas metas com a Dieta dos Casais.

ALIMENTOS FUNCIONAIS

Este é o nome que damos aos alimentos que geram benefícios comprovados cientificamente e que têm o potencial de prevenir ou tratar doenças. As propriedades saudáveis podem vir de elementos naturais dos alimentos como fibras, vitaminas, minerais e antioxidantes, presentes em frutas, verduras, legumes e cereais integrais frescos. Mas também podem ser conseguidas com a inclusão de ingredientes que modificam as propriedades originais do alimento, agregando componentes positivos. Entram nessa categoria produtos industrializados como leites e iogurtes fermentados, grãos enriquecidos com vitaminas e minerais e alimentos acrescidos de ômega-3.

Como cada pessoa tem a sua individualidade, alguns alimentos são mais benéficos para umas do que para outras, dependendo de uma série de fatores, inclusive gênero e idade, como vimos na página 75.

No Capítulo 4 vocês encontrarão uma lista extensa com os alimentos funcionais e seus benefícios ao organismo – e muitos deles estão incluídos no plano alimentar da Dieta dos Casais.

CONHEÇA OS GRUPOS ALIMENTARES INCLUÍDOS NA DIETA DOS CASAIS

Frutas

Dê preferência a frutas orgânicas ou da estação, incluindo uma boa variedade de cores.

FRUTAS POR CORES			
VERDE	AMARELO/LARANJA	VERMELHO	AZUL/ROXO
kiwi, maçã verde, lima, limão, uva verde	abacaxi, banana, caqui, damasco, laranja, limão-siciliano, mamão, manga, maracujá, melão, nectarina, pera, pêssego, tangerina	cereja, framboesa, goiaba, maçã vermelha, morango, melancia, romã, uva vermelha	amora, ameixa, figo, jabuticaba, mirtilo (blueberry), uva-passa, uva roxa

Legumes e verduras

Escolha a maior variedade possível, com a meta de incluir três ou mais cores num dia. Dê preferência a hortaliças orgânicas ou da estação.

LEGUMES E VERDURAS POR CORES			
VERDE	AMARELO/LARANJA	VERMELHO	AZUL/ROXO
abobrinha, agrião, aipo, alcachofra, alface, aspargo, bertalha, brócolis, cebolinha, couve, couve-de-bruxelas, endívia, ervilha, espinafre, mostarda, pepino, pimentão verde, repolho verde, rúcula, vagem	abóbora, alho, alho-poró, cebola, cenoura, pimentão amarelo	beterraba, pimentão vermelho, pimentas vermelhas, rabanete, tomate	alface roxa, berinjela, cebola roxa, radicchio, repolho roxo

Cogumelos frescos ou secos (paris, portobelo, shiitake e shimeji) também podem ser considerados legumes nesta dieta.

Raízes, tubérculos e outros carboidratos

Aipim (mandioca), batata-baroa, batata-doce, batata-inglesa, cará, inhame. Pão e torradas sem glúten e sem açúcar. Tapioca. Bolachas de arroz.

Fontes de proteína vegetal

Leguminosas

Ervilha fresca, fava rajada, feijão-azuki, feijão-fradinho, feijão moyashi, feijão-preto, vermelho, branco ou mulatinho, grão-de-bico, lentilha, lentilha vermelha, soja na forma de tofu, natto e tempeh orgânicos.

É importante deixar os grãos das leguminosas de molho em água por 8 a 12 horas antes de cozinhá-los, para evitar que substâncias naturalmente presentes nesses alimentos atrapalhem a absorção de nutrientes no trato intestinal.

Dica: *Cozinhe as leguminosas com 3 tirinhas de alga kombu (encontrada em lojas de produtos naturais ou orientais) para melhorar a digestibilidade, reduzir a fermentação e aproveitar melhor os nutrientes.*

Grãos integrais

Amaranto em grãos, arroz integral, milho, quinoa em grãos.

Fontes de proteína animal

Carnes e peixes

Cortes magros de carne bovina, frango (preferencialmente orgânico), peru, avestruz, peixes e frutos do mar frescos, lombo de porco, atum e sardinha (frescos ou conservados em vidro), ovos de galinha e de codorna.

Fontes de fibras

Farinhas, flocos e farelos

Amaranto em flocos, aveia, farinha de amêndoas, farinha de banana verde, farinha de coco, farinha de linhaça, farinha de maracujá, farinha de uva, quinoa em flocos e yacon em pó. Produtos comercialmente disponíveis contendo uma mistura desses alimentos, como, por exemplo, chia e linhaça ou aveia, amaranto e quinoa, também são permitidos.

Fontes de boas gorduras

Óleos e oleaginosas

Amêndoas, avelãs, azeite extravirgem, azeitona, castanha de baru, castanha-do-pará, coco ralado fresco ou chips de coco, macadâmia, nozes, óleo de abacate, óleo de coco, pistache.

Sementes

Sementes de abóbora, chia, girassol, linhaça. Dê preferência às opções sem sal.

Dica: *as castanhas e nozes devem ser preferencialmente compradas em embalagens fechadas e de procedência orgânica. Se isso não for possível, evitem as vendidas a granel e prefiram as envasadas com data de embalagem próxima da de compra e com embalagens o menos transparente possível, pois, como as gorduras boas ficam rançosas com facilidade, as oleaginosas perdem seu efeito funcional e ainda podemos sentir mal-estar ao ingeri-las. O mesmo vale para as sementes.*

Condimentos e ervas

Alho, cebola, ervas frescas e secas (cebolinha, coentro, hortelã, louro, manjericão, orégano, salsinha, sálvia, tomilho, etc.), gengibre, mostarda (somente as que não levam açúcar ou corantes – leiam o rótulo), sal marinho ou rosa (com moderação), temperos naturais (canela, cravo, cominho, cúrcuma, curry, noz-moscada, páprica, pimenta calabresa, pimenta-do-reino, etc.), vinagre de maçã ou de arroz.

O PERIGO DOS CONDIMENTOS PROCESSADOS

Em nossa nutrição atual temos cada vez mais a presença de "produtos alimentares" no lugar de alimentos. Enquanto os alimentos estão prontos na natureza, os produtos alimentares são resultado do processamento industrial dos alimentos, o que na maioria das vezes inclui elementos prejudiciais à saúde. Sob a justificativa de serem mais práticos, os condimentos processados acabam sendo usados em excesso, sem que o consumidor atente para os perigos escondidos nesses produtos.

Os temperos prontos, em cubo ou em pó, trazem uma quantidade absurda de sódio: um cubo tem a quantidade recomendada para um adulto consumir ao longo de um dia inteiro! Esse excesso provoca várias intolerâncias e males de saúde, como vimos no capítulo anterior.

Fase 1: DESCOBRIMENTO

Duração: 7 dias

Esta etapa visa o consumo de alimentos altamente nutritivos e a eliminação de itens nocivos e que atrapalham o funcionamento do organismo. Vocês vão nutrir seu corpo com proteínas vegetais, verduras, legumes e frutas. Deverão abrir mão de proteína animal, açúcar, bebidas alcoólicas e glúten.

Itens em destaque

1. Shake com leite vegetal: 2 porções ao dia, sendo 1 no café da manhã e 1 no lanche da manhã ou da tarde ou antes de dormir
2. Chá funcional específico (ver tabela na p. 75): 1 litro por dia, nos horários de sua preferência
3. Alimento funcional específico (ver tabela na p. 75): 2 colheres de chá ou 100ml por dia
4. Proteína vegetal

O que NÃO comer na Fase 1:

Carne vermelha e branca (incluindo frango, peru e porco), peixe, frutos do mar, ovo, leite, queijo, iogurte e outros produtos de origem animal, glúten, grãos e farinhas refinados, bebida alcoólica, açúcar e adoçantes artificiais.

Dica: *os leites vegetais podem ser armazenados na geladeira por até três dias. Caso não tenham disponibilidade de fazê-los sempre, preparem a quantidade para a semana toda e congelem em fôrmas de gelo de silicone ou em garrafinhas pequenas. Podem deixá-los ainda mais saborosos e nutritivos adicionando condimentos como noz-moscada, canela, baunilha ou cardamomo. Já existem no mercado máquinas para a produção dessas bebidas, que permitem o preparo rápido de um litro. Há opção ainda de comprá-los prontos em lojas de produtos naturais ou alguns mercados, mas a versão feita em casa, mais fresca e sem conservantes, é sempre melhor.*

REFEIÇÕES:

Café da manhã:

- 1 copo de shake de leite vegetal (faça o seu ou veja as receitas na p. 169)

Lanche da manhã ou da tarde:

- 1 porção de fruta + 1 porção de boas gorduras ou fibras

PORÇÃO DE FRUTA: 1 unidade ou 1 fatia ou 1 punhado, dependendo do tamanho da fruta fresca; 1 punhado de frutas secas; ou 1 copo de suco verde (ver receitas nas pp. 166 e 167)
PORÇÃO DE BOAS GORDURAS: 2 colheres de chá de óleos ou 1 colher de sopa de oleaginosas (nozes, castanhas, etc.) ou 1 colher de sopa de sementes. Os homens podem dobrar a porção.
PORÇÃO DE FIBRAS: 2 colheres de chá para mulheres e 4 colheres de chá para homens

Almoço:

- proteína vegetal + legumes e verduras

PORÇÃO DE PROTEÍNA VEGETAL: 1 colher de servir para mulheres e 2 colheres de servir para homens (ver receitas a partir da p. 170)
PORÇÃO DE LEGUMES E VERDURAS: em quantidade livre para ambos (ver receitas a partir da p. 195)

Jantar:

- proteína vegetal + legumes e verduras ou
- proteína vegetal + sopa

PORÇÃO DE PROTEÍNA VEGETAL: 1 colher de servir para mulheres e 2 colheres de servir para homens (ver receitas a partir da p. 170)
PORÇÃO DE SOPA: em quantidade livre para ambos (ver receitas a partir da p. 200)
PORÇÃO DE LEGUMES E VERDURAS: em quantidade livre para ambos (ver receitas a partir da p. 195)

Dica: *no caso da sopa, os legumes podem ser adicionados livremente, ao passo que a proteína vegetal deve seguir a quantidade indicada para a fase do plano. Vocês podem congelar porções individuais ou uma base em maior quantidade, para que cada um adicione sua porção de proteína vegetal na hora do preparo final. Recomendo a sopa para o jantar por ser de mais fácil digestão, especialmente se for tarde da noite.*

Coloquei aqui a sugestão de cardápios que fiz para os casais do laboratório, mas a ideia da minha metodologia é integrar os princípios adquiridos nas fases anteriores à rotina e às preferências de cada um. Portanto, fique livre para escolher o que quiser comer de acordo com o que a fase permitir.

Exemplo de cardápio elaborado para um dos casais do laboratório:

	NATALIA	RAFAEL
CAFÉ DA MANHÃ	1 copo de Shake de banana com morango (p. 169) com leite de aveia (p. 168) batido com 2 colheres de chá de farelo de aveia (alimento funcional)	1 copo de Shake de romã (p. 169) com leite de amêndoas (p. 168) batido com 2 colheres de chá de óleo de coco (alimento funcional)
LANCHE DA MANHÃ	1 copo de Shake de abacaxi com coco (p. 169) com leite de aveia	1 copo de Shake de pera (p. 169) com leite de amêndoas
ALMOÇO	Tabule de quinoa (1 colher de servir, p. 172) Salada palitos (quantidade livre, p. 196)	Berinjela recheada com cogumelos (2 colheres de servir, p. 199) Salada palitos (quantidade livre)
LANCHE DA TARDE	1 pera fatiada com 2 colheres de chá de óleo de coco	1 banana fatiada com 2 colheres de sopa de amêndoas
JANTAR	Proteína vegetal (1 colher de servir, a partir da p. 170) Sopa detox (quantidade livre, p. 203)	Proteína vegetal (2 colheres de servir) Creme de legumes verdes (quantidade livre, p. 203)
ALIMENTO FUNCIONAL ESPECÍFICO	Farelo de aveia	Óleo de coco
CHÁ FUNCIONAL ESPECÍFICO	Hibisco (1 litro)	Branco (1 litro)

Fase 2: COMPROMISSO

Duração: até atingir a meta de peso (mínimo de 7 dias)

Nesta etapa incluímos a proteína animal de quinta-feira a domingo, mantendo apenas a vegetal de segunda a quarta-feira. É importante acompanhar o peso semanalmente, para garantir que estejam se mantendo na linha. Caso o peso volte a subir, escolha um dia da semana para seguir o plano alimentar da Fase 1 até as medidas voltarem ao patamar desejado.

Dica: *Como na fase anterior vocês se acostumaram a tomar mais chá ao longo do dia, o casal pode sentir necessidade de aumentar o consumo diário de água e/ou sopa de legumes. Não se esqueçam de que a ingestão desses líquidos ajuda a reduzir o apetite e hidrata! Vocês podem dar sabor à água aromatizando-a (ver receitas na p. 162) ou adicionando limão e/ou gengibre.*

Itens em destaque

1. Shake com leite vegetal: 1 porção ao dia no café da manhã
2. Chá funcional específico (ver tabela na p. 75): 500ml por dia, nos horários de sua preferência
3. Alimento funcional específico (ver tabela na p. 75): 2 colheres de chá ou 100ml por dia
4. Proteína vegetal
5. Proteína animal de quinta-feira a domingo
6. Raízes, tubérculos e outros carboidratos
7. Lanche funcional para o fim de semana (sábado ou domingo)
8. Sobremesa funcional para o fim de semana (sábado ou domingo)

O que NÃO comer na Fase 2:

Produtos de origem animal nos dias de proteína vegetal, açúcar, bebidas alcoólicas, glúten, produtos lácteos.

Dica: *Aproveitem a inclusão da proteína animal para incrementar a salada (com atum, frango desfiado, rosbife ou ovo, por exemplo). Veja receitas de salada a partir da p. 195.*

REFEIÇÕES

Café da manhã:

- 1 copo de shake de leite vegetal (faça o seu ou veja as receitas na p. 169) + 1 porção de raízes, tubérculos ou outro carboidrato

PORÇÃO DE RAÍZES OU TUBÉRCULOS: 1 colher de servir

PORÇÃO DE OUTRO CARBOIDRATO: 1 fatia de pão sem glúten ou 1 tapioca (ver receita na p. 193) recheada com 1 colher de sopa de requeijão de búfala, geleia sem açúcar, queijo cottage, pasta de grão-de-bico ou 1 ovo mexido

Lanche da manhã:

- 1 porção de fruta + 1 porção de boas gorduras ou fibras

PORÇÃO DE FRUTA: 1 unidade ou 1 fatia ou 1 punhado, dependendo do tamanho da fruta fresca; 1 punhado de frutas secas; ou 1 copo de suco verde (ver receitas nas pp. 166 e 167)

PORÇÃO DE BOAS GORDURAS: 2 colheres de chá de óleos ou 1 colher de sopa de oleaginosas (nozes, castanhas, etc.) ou 1 colher de sopa de sementes. Os homens podem dobrar a porção.

PORÇÃO DE FIBRAS: 2 colheres de chá para mulheres e 4 colheres de chá para homens

Almoço:

DE SEGUNDA A QUARTA-FEIRA

- proteína vegetal + legumes e verduras

PORÇÃO DE PROTEÍNA VEGETAL: 1 colher de servir para mulheres e 2 colheres de servir para homens (ver receitas a partir da p. 170)
PORÇÃO DE LEGUMES E VERDURAS: em quantidade livre para ambos (ver receitas a partir da p. 195)

DE QUINTA-FEIRA A DOMINGO

- proteína animal + legumes e verduras

PORÇÃO DE PROTEÍNA ANIMAL: 1 colher de servir para mulheres e 2 colheres de servir para homens (ver receitas a partir da p. 176)
PORÇÃO DE LEGUMES E VERDURAS: em quantidade livre para ambos (ver receitas a partir da p. 195)

Lanche da tarde:

- 1 porção de fruta + 1 porção de boas gorduras ou fibras + 1 porção de raízes, tubérculos ou outro carboidrato, para quem praticar exercícios físicos

PORÇÃO DE FRUTA: 1 unidade ou 1 fatia ou 1 punhado, dependendo do tamanho da fruta fresca; 1 punhado de frutas secas; ou 1 copo de suco verde (ver receitas nas pp. 166 e 167)
PORÇÃO DE BOAS GORDURAS: 2 colheres de chá de óleos ou 1 colher de sopa de oleaginosas (nozes, castanhas, etc.) ou 1 colher de sopa de sementes. Os homens podem dobrar a porção.
PORÇÃO DE FIBRAS: 2 colheres de chá para mulheres e 4 colheres de chá para homens
PORÇÃO DE RAÍZES OU TUBÉRCULOS: 1 colher de servir
PORÇÃO DE OUTRO CARBOIDRATO: 1 fatia de pão sem glúten ou 1 tapioca (ver receita na p. 193) recheada com 1 colher de sopa de requeijão de búfala, geleia sem açúcar, queijo cottage, pasta de grão-de-bico ou 1 ovo mexido

Jantar:

DE SEGUNDA A QUARTA-FEIRA

- proteína vegetal + legumes e verduras
  ou
- proteína vegetal + sopa

PORÇÃO DE PROTEÍNA VEGETAL: 1 colher de servir para mulheres e 2 colheres de servir para homens (ver receitas a partir da p. 170)
PORÇÃO DE SOPA: em quantidade livre para ambos (ver receitas a partir da p. 200)

Exemplo de cardápio elaborado para um dos casais do laboratório:

	ANA PAULA	GUSTAVO
CAFÉ DA MANHÃ	1 copo de Shake de maracujá (p. 169) com leite de inhame (p. 168) batido com 2 colheres de chá de sementes de linhaça (alimento funcional)	1 copo de Shake verde de maçã com abacaxi (p. 169) com leite de inhame + 2 colheres de chá de amêndoas (alimento funcional)
LANCHE DA MANHÃ	1 fatia de melão com 1 colher de sopa de sementes de chia + 1 fatia de pão sem glúten com 1 colher de sopa de requeijão de búfala	1 fatia de abacaxi com 4 colheres de chá de óleo de coco + 1 tapioca feita com 3 colheres de sopa de goma, 1 colher de sopa de chia e 1 colher de sopa de requeijão de búfala
ALMOÇO	Salada de feijão-fradinho com cebola roxa e molho de mostarda (1 colher de servir, p. 173) Lascas de legumes assados com ervas (quantidade livre, p. 199)	Torta de quinoa com grão-de-bico (2 colheres de servir, p. 173) Lascas de legumes assados com ervas (quantidade livre)
LANCHE DA TARDE	1 fruta com 1 colher de sopa de farinha de linhaça	1 fruta com 2 colheres de sopa de castanha-de-caju
JANTAR	Quinoa cozida (1 colher de servir) Sopa de abóbora ao curry (quantidade livre, p. 201)	Bolinho de grão-de-bico (2 colheres de servir, p. 170) Legumes e verduras (quantidade livre, a partir da p. 195)
FIM DE SEMANA (JANTAR)	Salgado da saciedade (1 colher de servir, p. 188) Legumes e verduras (quantidade livre, a partir da p. 195)	Salgado da saciedade (2 colheres de servir) Legumes e verduras (quantidade livre)
ALIMENTO FUNCIONAL ESPECÍFICO	Sementes de linhaça	Amêndoas
CHÁ FUNCIONAL ESPECÍFICO	Cavalinha (500ml)	Hibisco (500ml)

PORÇÃO DE LEGUMES E VERDURAS: em quantidade livre para ambos (ver receitas a partir da p. 195)

DE QUINTA-FEIRA A DOMINGO

- proteína animal + legumes e verduras

PORÇÃO DE PROTEÍNA ANIMAL: 1 colher de servir para mulheres e 2 colheres de servir para homens (ver receitas a partir da p. 176)

PORÇÃO DE LEGUMES E VERDURAS: em quantidade livre para ambos (ver receitas a partir da p. 195)

FIM DE SEMANA (SÁBADO OU DOMINGO)

- 1 lanche funcional (1 colher de servir para mulheres e o dobro para homens, a partir da p. 188)
- 1 sobremesa funcional (1 colher de servir para mulheres e o dobro para homens, a partir da p. 205)

Exemplo de cardápio elaborado para um dos casais do laboratório, para os dias com proteína animal:

	LUANA	LUIZ MAURICIO
CAFÉ DA MANHÃ	1 copo de Shake de abacaxi com coco (p. 169) com leite de inhame (p. 168) + 2 colheres de chá de goji berry (alimento funcional)	1 copo de Shake de banana com morango (p. 169) com leite de inhame + 2 colheres de servir de batata-doce com 4 colheres de chá de azeite
LANCHE DA MANHÃ	1 xícara de frutas vermelhas com 1 colher de sopa de farinha de banana verde	1 fruta com 2 colheres de sopa de farinha de semente de linhaça
ALMOÇO	Omelete com funghi secchi (1 colher de servir, p. 177) Salada palitos (quantidade livre, p. 196)	Filé ao molho de mel com mostarda (2 colheres de servir, p. 183) Salada crocante (quantidade livre, p. 195)
LANCHE DA TARDE	1 fruta com 2 colheres de chá de farinha de semente de uva + 1 fatia de pão sem glúten com 1 colher de sopa de requeijão de búfala	1 fruta com 2 colheres de chá de óleo de coco (alimento funcional) + 1 fatia de pão sem glúten com 1 colher de sopa de requeijão de búfala
JANTAR	Sopa de abóbora ao curry (quantidade livre, p. 201) Proteína vegetal (1 colher de servir, a partir da p. 170)	Couve-flor de forno (quantidade livre, p. 199) Salada de quinoa com brócolis (2 colheres de servir, p. 171)
FIM DE SEMANA (JANTAR)	Tapioca colorida (1 unidade, p. 193) Legumes e verduras (quantidade livre, a partir da p. 195)	Crepioca (2 unidades, p. 190) Legumes e verduras (quantidade livre)
ALIMENTO FUNCIONAL ESPECÍFICO	Goji berry	Óleo de coco
CHÁ FUNCIONAL ESPECÍFICO	Jasmim (500ml)	Branco (500ml)

Fase 3: FIDELIDADE

Duração: felizes para sempre

Nesta etapa vocês já atingiram o peso que queriam. O plano alimentar uniu ainda mais o casal: vocês estão mais saudáveis, mais bonitos e com melhor qualidade de vida. Agora é hora de manter o que conquistaram, porém com mais variedade na alimentação e menos restrições.

Itens em destaque

1. Shake com leite vegetal: 1 porção ao dia no café da manhã
2. Chá funcional específico (ver tabela na p. 75): 500ml por dia, nos horários de sua preferência
3. Alimento funcional específico (ver tabela na p. 75): 2 colheres de chá ou 100ml por dia
4. Proteína vegetal
5. Proteína animal com maior frequência
6. Raízes, tubérculos e outros carboidratos
7. Lanche funcional para o fim de semana (sábado ou domingo)
8. Sobremesa funcional para o fim de semana (sábado ou domingo) ou refeição livre para o fim de semana (sábado ou domingo)

O que NÃO comer na Fase 3 (a não ser na refeição livre):

Alimentos com alto teor de açúcar branco ou farinhas refinadas, arroz branco, alimentos altamente processados e frituras.

REFEIÇÕES

Café da manhã:

- 1 copo de shake (ver receitas na p. 169) + 1 porção de raízes, tubérculos ou outro carboidrato

PORÇÃO DE RAÍZES OU TUBÉRCULOS: 1 colher de servir

PORÇÃO DE OUTRO CARBOIDRATO: 1 fatia de pão sem glúten ou 1 tapioca (ver receita na p. 193) recheada com 1 colher de sopa de requeijão de búfala, geleia sem açúcar, queijo cottage, pasta de grão-de-bico ou 1 ovo mexido

Lanche da manhã:

- 1 porção de fruta + 1 porção de boas gorduras ou fibras

PORÇÃO DE FRUTA: 1 unidade ou 1 fatia ou 1 punhado, dependendo do tamanho da fruta fresca; 1 punhado de frutas secas; ou 1 copo de suco verde (ver receitas nas pp. 166 e 167)

PORÇÃO DE BOAS GORDURAS: 2 colheres de chá de óleos ou 1 colher de sopa de oleaginosas (nozes, castanhas, etc.) ou 1 colher de sopa de sementes. Os homens podem dobrar a porção.

PORÇÃO DE FIBRAS: 2 colheres de chá para mulheres e 4 colheres de chá para homens

Almoço:

- proteína vegetal ou animal + legumes e verduras

PORÇÃO DE PROTEÍNA VEGETAL OU ANIMAL: 1 colher de servir para mulheres e 2 colheres de servir para homens (ver receitas a partir das pp. 170 e 176, respectivamente)

PORÇÃO DE LEGUMES E VERDURAS: em quantidade livre para ambos (ver receitas a partir da p. 195)

Lanche da tarde:

- 1 porção de fruta + 1 porção de boas gorduras ou fibras + 1 porção de raízes, tubérculos ou outro carboidrato, para quem praticar exercícios físicos

PORÇÃO DE FRUTA: 1 unidade ou 1 fatia ou 1 punhado, dependendo do tamanho da fruta fresca; 1 punhado de frutas secas; ou 1 copo de suco verde (ver receitas nas pp. 166 e 167)
PORÇÃO DE BOAS GORDURAS: 2 colheres de chá de óleos ou 1 colher de sopa de oleaginosas (nozes, castanhas, etc.) ou

1 colher de sopa de sementes. Os homens podem dobrar a porção.
PORÇÃO DE FIBRAS: 2 colheres de chá para mulheres e 4 colheres de chá para homens
PORÇÃO DE RAÍZES OU TUBÉRCULOS: 1 colher de servir
PORÇÃO DE OUTRO CARBOIDRATO: 1 fatia de pão sem glúten ou 1 tapioca (ver receita na p. 193) recheada com 1 colher de sopa de requeijão de búfala, geleia sem açúcar, queijo cottage, pasta de grão-de-bico ou 1 ovo mexido

Jantar:

- proteína vegetal ou animal + legumes e verduras
  ou
- proteína vegetal ou animal + sopa

PORÇÃO DE PROTEÍNA VEGETAL OU ANIMAL: 1 colher de servir para mulheres e 2 colheres de servir para homens (ver receitas a partir das pp. 170 e 176, respectivamente)
PORÇÃO DE SOPA: em quantidade livre para ambos (ver receitas a partir da p. 200)
PORÇÃO DE LEGUMES E VERDURAS: em quantidade livre para ambos (ver receitas a partir da p. 195)

OBSERVAÇÃO:
NO MÍNIMO 2 VEZES POR SEMANA

- apenas proteína vegetal + legumes e verduras
  ou
- apenas proteína vegetal + sopa

1 VEZ POR SEMANA

- 1 lanche funcional (1 colher de servir para mulheres e o dobro para homens, ver receitas a partir da p. 188)
- 1 refeição livre ou 1 sobremesa funcional (1 colher de servir para mulheres e o dobro para homens, ver receitas a partir da p. 205) ou 1 dose de bebida alcoólica

Exemplo de cardápio elaborado para um dos casais do laboratório:

	CARLA	VITOR
CAFÉ DA MANHÃ	1 copo de Shake verde de maçã com abacaxi (p. 169) com leite de coco (p. 168) + 2 colheres de chá de semente de linhaça (alimento funcional)	1 copo de Shake de maracujá com coco (p. 169) com leite de coco + 2 colheres de chá de amêndoas (alimento funcional)
LANCHE DA MANHÃ	1 fruta com 1 colher de sopa de sementes de girassol + Pão de queijo funcional (1 colher de servir, p. 187)	1 fruta com 4 colheres de chá de fibras + Pão de queijo funcional (1 colher de servir)
ALMOÇO	Espetinhos de frango ao molho de tofu (1 unidade, p. 183) Salada crocante (quantidade livre, p. 195)	Filé ao molho de rúcula (2 colheres de servir, p. 183) Salada crocante (quantidade livre)
LANCHE DA TARDE	1 maçã fatiada com 2 colheres de chá de óleo de coco	1 tapioca feita com 3 colheres de sopa de goma, 2 colheres de sopa de chia e 1 colher de sopa de requeijão de búfala
JANTAR	Salada de ervilha com cenoura (1 colher de servir, p. 172)	Salada de feijão-fradinho e pimentão (2 colheres de servir, p. 173)
FIM DE SEMANA (JANTAR)	1 refeição livre ou 1 lanche funcional, como Quiche de cenoura com requeijão de búfala (1 colher de servir, p. 191) ou 1 sobremesa funcional, como Creme de banana e morango (1 colher de servir, p. 207)	1 refeição livre ou 1 lanche funcional, como Torta de legumes (2 colheres de servir, p. 194) ou 1 sobremesa funcional, como Creme de manga (2 colheres de servir, p. 207)
ALIMENTO FUNCIONAL ESPECÍFICO	Semente de linhaça	Amêndoas
CHÁ FUNCIONAL ESPECÍFICO	Rosa-branca	Hibisco

Luana & Luiz Maurício

Os resultados rápidos aumentaram nossa motivação. Foi impressionante observar como conseguimos nos manter bem, sem passar fome, com uma quantidade muito menor de comida. Com certeza vamos levar para a vida toda a reeducação alimentar que aprendemos no programa: comer a cada três horas, optar por alimentos mais saudáveis e consumir alimentos que antes eram impensáveis e agora fazem parte do nosso cardápio.

O CASAL NA VIDA REAL

Luana (22 anos) e Luiz Maurício (26 anos) não tinham qualquer rotina alimentar que os permitisse desfrutar de uma boa saúde. Muito gulosos, comiam de forma desregrada, em especial doces e produtos industrializados. Não viviam sem muitos pães e biscoitinhos. Sua despensa era abastecida com muitos produtos industrializados, como achocolatado pronto e enlatados. Costumavam frequentar muitos churrascos na casa de amigos e a comilança era solta, com carnes em exagero.

O dia a dia do casal é bem agitado, por isso faziam apenas as refeições principais, sempre em grandes quantidades, e "não tinham tempo" para os lanches. À noite, às vezes nem comiam nada.

"Trabalhamos fora, então só temos uma hora de almoço. Comíamos sempre na rua, na correria, em geral um prato feito. Às vezes não dava tempo de tomar café da manhã em casa, o jeito era comprar qualquer coisa na rua: pão com ovo, pão com queijo. Não fazíamos planejamento algum."

Luana se matriculava na academia, mas nunca conseguia frequentá-la com regularidade. Tinha intestino muito preso havia anos, gases e sensação de empanzinamento após todas as refeições. Relatou unhas quebradiças e cabelo sem viço. Ansiosa, não sentia disposição para viver o dia e ficava muito sonolenta não só pela manhã, mas a qualquer hora do dia.

Logo que se formou, Luiz foi trabalhar em uma grande empresa, que lhe consumia todo o tempo e a energia. Não fazia atividade física regular, e nesse período viu o indicador da balança subir loucamente, mas não sabia o que fazer para mudar a situação. Ele costumava jogar futebol aos domingos e já fez luta, mas sem nenhuma regularidade. Hoje trabalha em um mercado hortifrúti da família e, ao longo da tarde, tem o hábito de beliscar muitas besteirinhas, como biscoitos, balas e doces em geral. Uma de suas queixas eram dores de cabeça em dias alternados e a pele bastante oleosa, com acne.

Ficaram muito empenhados na primeira etapa do projeto. Luana começou um programa de exercícios físicos de forma efetiva, frequentando a academia três vezes por semana. Adorou os shakes, especialmente pela questão de oferecerem maior saciedade, e não sentia fome alguma nem vontades no período da manhã. Também se adaptou bem aos chás e à orientação de aumentar a ingestão de água.

Logo na primeira semana já pôde notar uma melhora considerável no funcionamento intestinal, o que a deixou ainda mais animada para seguir em frente. Mostrou-se muito disciplinada para acordar mais cedo que de costume e preparar todas as refeições e os lanchinhos de que o casal precisaria até voltar para casa à noite. Ela contou:

"A primeira semana foi um enorme desafio. Tivemos que começar a nos organizar e planejar:

acordar mais cedo, preparar os shakes e os lanches, levar tudo em potinhos. Sentimos muita diferença logo, porque na primeira semana perdemos muito peso e as medidas diminuíram bastante logo de cara. Ficamos motivados vendo esse resultado. Se a pessoa consegue passar pela primeira semana, dá para levar até o final."

Luiz sentiu muita melhora na disposição para prática de esportes, como futebol e luta. Considera que as marmitinhas preparadas pela esposa foram essenciais para não ter caído em tentação em nenhum momento até então. Dormindo melhor, diz que agora o sono é reparador e está muito bem-disposto.

Todos estão elogiando sua performance no futebol de domingo. Está até tirando fotos sem camisa, o que não fazia havia anos... Sente-se muito feliz na segunda etapa do projeto, em que pode comer a proteína animal, de que tanto gosta. Agora acha que não tem por que fugir da dieta, pois se sente bastante satisfeito sempre. Ele relatou:

"Para mim a mudança foi muito radical. Eu estava acostumado a comer dois bifões de carne, arroz, feijão, e tive que mudar para duas colheres de feijão-fradinho! Eu sou grande, achei que fosse passar fome, desmaiar no meio da rua, que não fosse dar para manter toda a minha estrutura. Mas para minha surpresa nada disso aconteceu."

Ele não tem mais as dores de cabeça e também notou uma melhora na pele. Agora acha que não tem nem motivos para fugir da dieta, pois se sente bem satisfeito ao longo do dia. Procura sempre intercalar os sabores dos chás, para não enjoar da mesma opção. Sua maior dificuldade foi cortar as coisas a que estava habituado, como chocolate e carne com gordura. Mas reconhece que o sacrifício tem valido a pena. Sobre isso, Luiz esclareceu:

"Com motivação e força de vontade, deu tudo certo. Foi muito importante termos feito o programa juntos, porque um fica motivando o outro. Outra coisa legal foi que passamos a preparar as refeições para a semana juntos. Mesmo que a gente não consiga comer juntos, já contamos com a parceria nesse momento do preparo."

Luana percebeu na Fase 2 que a ansiedade ficou para trás e não sente mais a vontade incontrolável de comer doces, lidando bem com a nova rotina alimentar. Gosta muito das opções de lanche da tarde, com a inclusão de carboidratos benéficos. De vez em quando até sugere que façam a Fase 1 novamente, sem proteína animal, para darem uma desintoxicada.

"Hoje comemos de três em três horas e optamos naturalmente por itens mais saudáveis. Incluímos no cardápio coisas que antes eram impensáveis, como broto de feijão, broto de bambu e grão-de-bico. Estamos mais dispostos e conscientes, e vamos manter para o resto da vida tudo o que ganhamos com a reeducação alimentar."

Peso inicial Luana: 69,1kg
Peso inicial Luiz Maurício: 112,1kg

Resultados em 3 meses

	PESO	GORDURA	CINTURA	QUADRIL
Luana	-7,1kg	-6,2kg	-20cm	-18,7cm
Luiz Maurício	-10,1kg	-8,1kg	-17,8cm	-16,5cm

CAPÍTULO 4

Alimentos funcionais

FRUTAS

Frutas in natura

Como possuem grande quantidade de vitaminas, minerais, flavonoides e carotenoides, contam com propriedades antioxidantes e anti-inflamatórias. Além disso, as frutas são ricas em água e ajudam na hidratação. A vitamina C é um nutriente muito presente na maioria das frutas e melhora a imunidade do organismo e a saúde da pele.

Destaques:

A **maçã vermelha** é uma das frutas com menor carga glicêmica, ou seja, eleva menos o açúcar no sangue e promove menor liberação de insulina, o que ajuda a eliminar de maneira mais fácil a gordura localizada na região abdominal. Além disso, ela é rica em pectina – fibra responsável por reduzir o apetite – e contém um componente chamado quercetina, importante composto anti-inflamatório que ajuda a reduzir processos alérgicos.

As **frutas cítricas** (laranja, lima, limão, tangerina) possuem altas concentrações de ácido cítrico, vitamina C e flavonoides. São importantes para fortalecer o sistema imunológico e protegem o organismo contra doenças, principalmente infecções, gripes e resfriados. O ácido cítrico melhora a viscosidade do sangue, e os flavonoides cítricos reduzem o colesterol, além de atuar na prevenção do envelhecimento das células e da pele.

As **frutas vermelhas** (amora, cranberry, cereja, framboesa, goji berry, mirtilo, morango) são riquíssimas em vitamina C e ácido elágico, que fazem com que o organismo consiga neutralizar os radicais

livres e contribuem para a eliminação de toxinas e a prevenção de doenças, mesmo porque agem sobre a capacidade destoxificante hepática de forma bem significativa. Outro componente especial das frutas vermelhas e que é o responsável por dar a sua cor avermelhada e arroxeada são as antocianinas, que conferem ações protetoras oculares, cerebrais, cardíacas e circulatórias. Além disso, auxiliam a redução de peso graças a seu poder anti-inflamatório, contêm poucas calorias e apresentam baixa carga glicêmica. Também ajudam na formação e na renovação de colágeno, promovem um efeito clareador que reduz e previne manchas na pele e têm efeito antioxidante. A **goji berry**, uma pequena fruta originária da Ásia que tem se tornado cada vez mais popular no Brasil, contém, além dessas propriedades funcionais, outros compostos bioativos, como a zeaxantina para proteção ocular e o beta-sistosterol, que tem ação anti-inflamatória e ajuda a equilibrar os níveis de colesterol. Alguns estudos ainda mostram que a fruta pode aumentar o metabolismo.

ALIMENTOS NESSA CATEGORIA: banana, caqui, jabuticaba, kiwi, maçã, mamão, manga, melancia, melão, nectarina, pêssego, pera, uva, frutas vermelhas, frutas cítricas.
COMO CONSUMIR: in natura, na forma de sucos, shakes, chás, preparações doces e sorvetes.
COMO ARMAZENAR FRUTAS CÍTRICAS E FRUTAS VERMELHAS: Guarde as frutas vermelhas em um lugar fresco, com bom fluxo de ar, evitando armazená-las na geladeira para não absorverem os odores do aparelho. Como elas são mais delicadas, o ideal é mantê-las em potes de vidro depois de higienizá-las.
COMO ARMAZENAR AS DEMAIS FRUTAS: Armazene-as em local fresco e arejado por até duas semanas. Para períodos mais longos, coloque-as na geladeira. Uma boa estratégia para conservação de frutas é congelá-las já higienizadas e picadas para uso em shakes. Isso aumenta o sabor doce bem como auxilia na cremosidade.

Frutas secas

São boas fontes de fibras, vitaminas do complexo B, vitamina A, cálcio, potássio, sódio e magnésio. Possuem sabor mais adocicado do que o das frutas in natura, pois durante seu processamento a água é removida e seus nutrientes ficam concentrados. Constitui uma ótima opção para os que amam doces e sentem dificuldade de se saciar apenas com frutas e precisam ter algo prático na bolsa. No entanto, por serem pequenas, os mais compulsivos podem exagerar nas porções.

ALIMENTOS NESSA CATEGORIA: Uva-passa, banana-passa, ameixa seca, damasco, tâmara, maçã, abacaxi e mamão desidratados.

COMO CONSUMIR: em mixes de frutas com nozes e castanhas, como lanchinhos para substituir frutas.

COMO ARMAZENAR FRUTAS SECAS: Armazene em pote de vidro. Na geladeira tem durabilidade de até 2 semanas; fora dela, dura até 5 dias.

Frutas que são fontes de gordura saudável

Possuem gordura monoinsaturada (a mesma contida no azeite) e em geral são alimentos ricos em vitaminas C, E, B_1, B_6 e K, magnésio, ácido fólico, fósforo, cálcio e potássio. Esses nutrientes possuem efeitos metabólicos importantes pois são reguladores na produção de "neurotransmissores do bem", aqueles que nos acalmam e trazem mais felicidade. São frutas ricas em fibras que ajudam na saciedade e têm altíssimo teor de antocianinas, que são potentes antioxidantes.

ALIMENTOS NESSA CATEGORIA: abacate, açaí, coco.

COMO CONSUMIR: na forma de sucos, shakes, chás, preparações doces e in natura.

COMO ARMAZENAR: em temperatura ambiente. No caso do abacate, somente coloque-o na geladeira quando estiver totalmente maduro. O leite de coco também é uma alternativa maravilhosa para os shakes e preparações de pratos quando não podemos usar a proteína animal. Pode ser usado em pratos como moqueca, estrogonofe, bolos e massas em substituição do leite de vaca. Para fazer o leite de coco, veja a receita na página 168. Guarde-o em um recipiente de vidro. Na geladeira, o leite de coco se conserva por até 2 dias, mas pode ser congelado por até 3 meses.

LEGUMES E VERDURAS

Legumes

Destacam-se por suas ações anti-inflamatória, diurética e laxativa, além de promover melhoras em afecções de pele, como erupções e dermatites. Possuem alto teor de bioflavonoides (pigmentos vegetais que ajudam a prevenir o câncer) e de ácidos fenólicos (que inibem a formação de nitrosaminas, substâncias potencialmente cancerígenas). Por conterem uma grande porcentagem de água em sua composição, assim como as frutas, funcionam como uma boa fonte de hidratação. Destacam-se por conterem grandes concentrações de fibras que ajudam no movimento intestinal e na prevenção de câncer de intestino.

Destaque:

O **tomate** em especial apresenta propriedades anticancerígenas por ser rico em licopeno, pigmento vermelho que previne o câncer de próstata, afecções visuais e problemas digestivos. O extrato ou molho de tomate feito em casa é mais eficiente na absorção do licopeno graças à ação da gordura boa do azeite usada no cozimento.

ALIMENTOS NESSA CATEGORIA: abóbora, abobrinha, berinjela, cenoura, chuchu, jiló, maxixe, pimentão, quiabo, tomate.

COMO CONSUMIR: de preferência cru e bem picado, ou levemente cozido no vapor. É preciso mastigá-los bem para ativar as substâncias benéficas. Também podem ser consumidos na forma de sopa ou purê.

COMO ARMAZENAR: De maneira geral todos os legumes devem ser guardados dentro da geladeira, com exceção de tomate e pimentão, que se conservam melhor em local fresco, fora da geladeira e sem luz solar.

Brássicas

As hortaliças do gênero *Brassica* são reconhecidas pelo seu papel na promoção da saúde. Destaca-se sua importância na prevenção do câncer de mama, uma consequência da ação do hormônio estrogênio no metabolismo. As brássicas possuem glicosinolatos, fitoquímicos que protegem as células e ativam enzimas que ajudam o fígado na desintoxicação do organismo. Há muitos estudos mundiais sobre os efeitos deste grupo de hortaliças para a prevenção de diversos tipos de câncer, como os de mama, próstata, cérebro e intestino. Muito ricas em ácido fólico e vitamina C, as verduras verde-escuras dessa categoria são fonte de clorofila (pigmento que auxilia o organismo a manter um pH sanguíneo mais alcalino) e de magnésio (responsável pela produção de diversos neurotransmissores), ajudando a melhorar o humor e garantindo mais controle sobre a vontade de comer doces.

Destaque:

A **couve** possui poderosos compostos antioxidantes que ajudam a alcalinizar o sangue e fortalecer o aparelho digestivo. Proporciona a absorção de toxinas presentes no aparelho digestivo e melhora seu funcionamento. A couve é rica em glicosinalatos que oferecem ação destoxificante por auxiliarem nas funções hepáticas.

ALIMENTOS NESSA CATEGORIA: agrião, brócolis, brotos de alfafa e de brócolis, couve, couve-flor, espinafre, mostarda, nabo, repolho, rúcula.

COMO CONSUMIR: de preferência crus e bem picados, ou levemente cozidos no vapor de 3 a 5 minutos. É preciso mastigar bem para ativar as substâncias benéficas ou picá-los antes do consumo, pois assim são liberados os isotiocianatos, que podem ser absorvidos e exercer as funções terapêuticas descritas.

COMO ARMAZENAR: se o consumo for feito em alguns dias, deixe em cima do balcão. Para períodos mais longos, embrulhe em papel-toalha e guarde na geladeira. **Folhas**: sempre armazenar em recipientes de vidro e secá-las muito bem com papel-toalha ou aparelhos próprios para secar folhas. Se as folhas forem armazenadas úmidas ou molhadas, vão estragar rapidamente.

MODO DE PREPARO: Podem ser utilizadas tanto para fazer uma salada como para fazer suflês, sopas e até mesmo sucos. Nas saladas podem ser usadas cruas ou cozidas. Para preparar no vapor, cozinhe em panela tampada com pouca água. É possível ainda escaldar (mergulhar a hortaliça em água bem quente e retirar em seguida). Esses modos de preparo evitam que o alimento perca tantos nutrientes e altere sua textura. Para os sucos utilize as folhas da couve, do espinafre ou do agrião. Para incrementar suas preparações e torná-las ainda mais funcionais e deixá-las mais saborosas, existem algumas especiarias que combinam bastante com as brássicas, tais como: endro, alho, orégano, pimenta-do-reino preta, estragão, tomilho e cúrcuma.

RAÍZES E TUBÉRCULOS

Neste grupo o componente principal é o carboidrato. São opções nutritivas maravilhosas, ainda mais porque muitos itens podem apresentar uma carga glicêmica menor do que outras opções ricas em carboidratos, como arroz ou massa. Também são fonte de fibras que controlam a saciedade e mantêm nossa energia estável por mais tempo ao evitar os altos e baixos do açúcar no sangue que podem proporcionar fadiga. A batata-yacon (foto no alto da página seguinte) tem fruto-oligossacarídeos, um tipo de açúcar que o organismo é praticamente incapaz de absorver, sendo indicada para diabéticos. Possui sabor semelhante ao da pera, é rica em fibras prebióticas e solúveis, auxiliando nos casos de constipação e protegendo contra doenças intestinais, como o câncer de intestino. O consumo de batata-baroa vem aumentando, sendo servido nos restaurantes como acompanhamento de peixes ou grelhados. Ela possui a vantagem de ser de fácil digestão e conter nutrientes como cálcio, fósforo e vitaminas do complexo B. No entanto, por ter uma carga glicêmica mais elevada que a da batata-doce, deve ser consumida com moderação. A batata de mais alta carga glicêmica é a batata-inglesa. Para minimizar esse efeito, evite prepará-la como purê e prefira consumi-la com casca.

Destaques:

A **batata-doce** está em alta! Ela é rica em vitamina A e carboidratos complexos de baixa carga glicêmica, que são digeridos e absorvidos lentamente e estimulam pouco a liberação de insulina, reduzindo o risco de diabetes, obesidade e, ainda, controlando o apetite. Um desses carboidratos é o amido resistente, que se comporta como uma fibra, retardando a própria absorção e evitando o aumento do colesterol. Ela também é fonte de vitamina C, fósforo e potássio, o que garante mais energia para o metabolismo. Por isso, é muito indicada para quem faz atividades físicas.

Muito nutritiva, a **maca peruana** (na foto abaixo, à direita) auxilia na prevenção de doenças cardiovasculares e de anemia. É rica em ômega-3, que apresenta efeito anti-inflamatório e vasodilatador, e em vitaminas do complexo B, combatendo o cansaço e a fadiga. Seu consumo também aumenta a libido, porque pode melhorar o fluxo sanguíneo na zona pélvica de homens e mulheres. Tem a capacidade de promover a mobilidade dos espermatozoides e do volume seminal, auxiliando no tratamento de infertilidade. Pode ser encontrada já em pó em loja de produtos naturais, para ser adicionada em sucos ou shakes.

ALIMENTOS NESSA CATEGORIA: aipim (mandioca), batata-baroa, batata-doce, batata-inglesa, batata-yacon, cará, inhame, maca peruana.

COMO CONSUMIR: cozidos em água e sal, grelhados em fatias ou em sopas, quando for indicado.

FONTES DE PROTEÍNA VEGETAL

Leguminosas

São alimentos bastante completos, já que possuem boa quantidade de proteína e carboidrato, além de fibras, vitaminas e minerais. Também são indicadas em dietas de emagrecimento. Fazem bem à saúde do coração e, principalmente por sua composição completa de nutrientes e fibras, têm ação muito eficaz no controle da glicose e dos níveis de colesterol no sangue.

Destaque:

Embora muito presente na alimentação asiática, a realidade da **soja** no Brasil é bem diferente. A soja transgênica ocupa um grande percentual da safra brasileira. Estudos vêm demonstrando que o consumo regular de soja geneticamente modificada pode causar alterações no fígado, menor produção de enzimas pancreáticas e distúrbios reprodutivos. Além disso, contém substâncias antinutricionais, que podem atrapalhar a digestão adequada de proteínas e a absorção de nutrientes como cálcio, ferro, magnésio e zinco. A eliminação dessas substâncias só ocorre pelo processo de fermentação, que está presente em produtos como tempeh, natto e tofu – ou seja, não basta cozinhar a soja para remover os fatores antinutricionais.

ALIMENTOS NESSA CATEGORIA: ervilha fresca, fava rajada, feijão-azuki, feijão-fradinho, feijão moyashi, feijão-preto, vermelho, branco ou mulatinho, grão-de-bico, lentilha, lentilha vermelha, soja na forma de tofu, natto e tempeh orgânicos.

COMO CONSUMIR: em diversas preparações, como saladas, tortas, hambúrgueres. Para melhorar a digestibilidade, reduzir a fermentação e aproveitar melhor os nutrientes, adicione tirinhas da alga kombu. Para cozinhar mais facilmente as leguminosas, deixe-as de molho previamente por 8 a 12 horas.

COMO ARMAZENAR: os grãos inteiros devem ser armazenados em recipientes impermeáveis, em locais frios e secos. Não devem ser armazenados por mais de seis meses, pois tornam-se mais duros e difíceis de cozinhar. As leguminosas cozidas que não forem congeladas podem ser conservadas na geladeira e utilizadas em, no máximo, cinco dias.

Grãos integrais

O alimento integral sempre contém maior quantidade de fibras, que ajudam a diminuir a liberação de insulina, garantindo diminuição da gordura abdominal.

Destaque:

A **quinoa** em especial tem uma combinação muito completa de aminoácidos (componentes das proteínas), grande variedade de vitaminas (B_1, B_2, B_3, B_6, C e E) e minerais (ferro, cálcio e fósforo). Além dessas vantagens, é de fácil cozimento (para 1 xícara de grãos in natura, coloque 2 xícaras de água e cozinhe em fogo baixo por 15 minutos).

ALIMENTOS NESSA CATEGORIA: amaranto em grãos, arroz integral, milho, quinoa em grãos.

COMO CONSUMIR: cozidos, integrando pratos de proteína vegetal, incrementados com legumes e verduras.

COMO ARMAZENAR: os grãos inteiros devem ser armazenados em recipientes herméticos, em locais frios e secos. Não devem ser armazenados por mais de seis meses, pois tornam-se mais duros e difíceis de cozinhar.

FONTES DE FIBRAS

Farinhas, flocos e farelos

Os grãos integrais são fonte de substâncias antioxidantes e das vitaminas E e do complexo B, que ajudam na produção de energia e são fonte de minerais como o magnésio, que controla a vontade de comer doces e garante o bom humor.

Destaque:

A **aveia** é rica em tocotrienóis, um dos mais poderosos antioxidantes de que se tem conhecimento, e contém betaglucana, que ajuda a manter estáveis os níveis de colesterol e glicose no sangue. Ela ainda é rica em silício, mineral responsável pela síntese de colágeno.

ALIMENTOS NESSA CATEGORIA: amaranto em flocos, aveia, farinha de amêndoas, farinha de banana verde, farinha de coco, farinha de linhaça, farinha de maracujá, farinha de uva, quinoa em flocos e yacon em pó.

COMO CONSUMIR: como alimento funcional ou como fonte de fibras para acompanhar frutas.

COMO ARMAZENAR: devem ser armazenados em recipientes herméticos, em locais frios e secos.

FONTES DE BOAS GORDURAS

Óleos e oleaginosas

São fontes de gordura mono e poli-insaturada. Por isso, ajudam a diminuir o nível de colesterol no sangue e a oxidar o colesterol LDL (o "colesterol ruim"), que causa as placas de aterosclerose e doenças do sistema circulatório, assim como ajudam no controle da pressão arterial. As gorduras monoinsaturadas modificam a distribuição da gordura corporal, reduzindo a possibilidade de acúmulo na região do abdômen, pois reduzem a carga glicêmica da refeição (ou seja: retardam a absorção dos alimentos com alta carga glicêmica). Nozes, castanhas e óleos são também uma fonte riquíssima de cobre e manganês, nutrientes que auxiliam na síntese de colágeno, promovendo a manutenção do tônus e da saúde da pele, e de vitamina E, resveratrol (o mesmo da uva vermelha) e magnésio. Esses nutrientes são importantes para o emagrecimento porque regulam várias enzimas necessárias para que se tenha um metabolismo saudável, além de possuírem efeito antioxidante.

Destaque:

A **castanha-do-pará** é a estrela desta categoria, graças a seus altos níveis de selênio, elemento essencial para controlar a tireoide (principal glândula responsável pelo metabolismo). Além de ser um poderoso antioxidante, prevenindo manchas, câncer de pele e problemas cardíacos, mantém a massa óssea estável, entre outros benefícios.

ALIMENTOS NESSA CATEGORIA: amêndoa, avelã, azeite, castanha de baru, castanha-de-caju, castanha-do-pará, coco ralado fresco, macadâmia, nozes, óleo de coco, óleo de semente de uva, pistache.

COMO CONSUMIR: preferencialmente in natura, podendo ser usados também em preparações doces ou salgadas. As nozes e castanhas são ótimas para consumir junto de frutas frescas ou secas, pois reduzem a carga glicêmica da refeição e a ação da insulina, o que evita a formação em excesso de gordura abdominal.

COMO ARMAZENAR: em local seco, abrigado de luz ou dentro da geladeira para que a gordura não fique rançosa. Procure comprar em embalagens pequenas e fechadas para evitar castanhas com problemas de oxidação da própria gordura, pois, quando isso acontece, além de perderem seus benefícios, ainda podem provocar problemas digestivos.

Sementes

As sementes são riquíssimas em fibras, e por isso valiosas para a flora intestinal e o funcionamento do intestino. São também eficazes na proteção contra o câncer, principalmente por regular o sistema imunológico e ajudar a varrer substâncias tóxicas do organismo. As fibras também ajudam na saciedade e são fontes de gordura essencial, como o ômega-3. Entre outros benefícios, o ômega-3 acelera a perda de gordura corporal, estabiliza os níveis de açúcar no sangue, mantém bons níveis de serotonina (neurotransmissor responsável pela sensação de saciedade e bem-estar), diminui o apetite e aumenta os níveis de energia, além de ser fabuloso como protetor cerebral, ativando os processos de memória, concentração e foco.

ALIMENTOS NESSA CATEGORIA: chia, gergelim, linhaça, sementes de abóbora, girassol.
COMO CONSUMIR: preferencialmente in natura, ou em preparações doces ou salgadas. São ótimas para serem associadas ao consumo de frutas e sopas ou shakes. Recomenda-se moer ou triturar a linhaça antes de consumir para melhorar sua digestibilidade e obter o conteúdo da sua gordura boa contida dentro da semente. Por outro lado, não é necessário fazer isso com a semente de chia. A linhaça pode ser acrescentada para engrossar líquidos como sopas, shakes, cremes e molhos para saladas.
COMO ARMAZENAR: em local seco, abrigado de luz. Ou dentro da geladeira para preservar a gordura boa no seu interior, sem que ela fique rançosa.

CONDIMENTOS

Alho e cebola

O alho e a cebola são os condimentos mais básicos e cheios de propriedades que não devem faltar em casa porque são antioxidantes e digestivos, além de serem facilmente utilizáveis em preparações salgadas. Esses alimentos ativam o sistema cardiovascular, auxiliam o sistema imunológico, têm ação antimicrobiana, antiviral e antifúngica. Esse grupo tem a capacidade de fluidificar o sangue e prevenir alguns tipos de câncer, principalmente o de estômago. Quando o alho é amassado, triturado, picado ou mastigado são liberados alguns componentes sulfurados do interior da sua célula que são os responsáveis pelos seus efeitos benéficos. Por isso deve ser consumido imediatamente após o preparo (nada de picar uma quantidade grande e deixar num pote para ser usado na geladeira – o alho deve ser sempre fresco). A aplicação do calor como comumente fazemos, refogando ou submetendo-o a cocção, gera menos princípios ativos. Uma pesquisa demonstrou que, quando cozido junto com cereais, os compostos sulfurados do alho podem ajudar a aumentar a captação de ferro e zinco.

ALIMENTOS NESSA CATEGORIA: alho, alho-poró, cebola.

COMO CONSUMIR: O ideal é que o alho seja consumido cru para não haver a perda de seus compostos sulfurados principais. Pode ser utilizado em saladas e molhos na forma crua, mas quando refogado é usado para temperar pratos clássicos como arroz, feijão e carnes.

COMO ARMAZENAR: em local fresco e escuro.

Ervas e especiarias

As ervas e as especiarias têm, em sua maioria, propriedades antioxidantes e digestivas. Como aumentam a produção de enzimas digestivas, esses alimentos ajudam a tratar enjoos e reduzem a produção de gases intestinais, sendo indicados em casos de flatulência e cólica. Também auxiliam no funcionamento do fígado. São estimulantes do sistema imunológico, ajudando no combate à gripe e nas doenças respiratórias. Graças às propriedades antibacterianas, as ervas e os condimentos funcionam como antibiótico, analgésico, antifúngico, antidepressivo, anti-inflamatório e sedativo. Previnem micoses, e alguns são afrodisíacos. São estimulantes e ativadores da circulação sanguínea, e possuem propriedades antineoplásicas, isto é, protegem do câncer e atuam no controle de afecções reumáticas. No caso das pimentas e do gengibre, podem acelerar o metabolismo, o que auxilia no processo de emagrecimento.

Destaques:

Canela: Rica em antioxidantes, é uma alternativa interessante para quem tem compulsão por doces e carboidratos e tende a armazenar gordura sobretudo na região abdominal. Os antioxidantes da canela combatem o envelhecimento precoce e melhoram a atividade da insulina, fazendo com que ela aja com mais eficiência nas células e estabilize os níveis de açúcar no sangue.

Coentro: É antioxidante e digestivo, além de auxiliar no tratamento da ansiedade.

Salsa: É digestiva, melhora o funcionamento do fígado e do baço e é diurética.

Cebolinha verde: Estimula o apetite e auxilia a digestão. Ajuda no combate à gripe e às doenças respiratórias.

Orégano: É antibacteriano, antibiótico, analgésico, antifúngico e sedativo. Auxilia no tratamento de gripes e resfriados e no controle de micoses e problemas fúngicos.

Noz-moscada: É digestiva, antimicrobiana e afrodisíaca.

Alecrim: É estimulante, ativador da circulação sanguínea, antidepressivo e antisséptico.

Manjericão: É digestivo, antisséptico, anti-inflamatório e ajuda no combate de infecções do trato respiratório.

Açafrão: É digestivo, anti-inflamatório e laxante suave. Além disso, possui propriedades antineoplásicas.

Gengibre: Ajuda a tratar enjoos, combater infecções, prevenir doenças cardiovasculares, e auxilia no emagrecimento. O gengibre em pequenas quantidades pode aumentar a produção de enzimas digestivas e reduzir a produção de gases intestinais.

Erva-doce: Também conhecida como funcho, é digestiva, indicada em casos de flatulência, cólica, gases. Além disso, atua no sistema respiratório suavizando tosses e catarros.

Sálvia: É digestiva, antioxidante, antibacteriana e antibiótica.

Tomilho: É digestivo, antisséptico, cicatrizante e vermífugo.

Hortelã: É digestiva, auxiliando na produção de enzimas digestivas sobretudo do estômago, ao facilitar a digestão de proteínas. Também auxilia em infecções do sistema respiratório e é anestésica.

Louro: É digestivo, expectorante, e melhora problemas no fígado e no estômago. Quando adicionado ao feijão, ajuda a reduzir a formação de gases.

Anis: É utilizado para amenizar tosse e bronquite, além de ser digestivo. Indicado para melhorar sintomas de náuseas e gases.

Cravo-da-índia: É antisséptico, analgésico e apresenta atividade antitrombótica.

Pimentas: São digestivas (aumentam a produção de suco gástrico). Além disso, são anti-inflamatórias e aceleram o metabolismo, o que auxilia no processo de emagrecimento.

ALIMENTOS NESSA CATEGORIA: açafrão, aipo ou salsão, alcaparra, alecrim, aneto, anis, baunilha, canela, cebolinha verde, coentro, cominho, cravo-da-índia, curry, erva-doce, estragão, gengibre, hortelã, louro, manjericão, manjerona, noz-moscada, orégano, páprica, pimentas, salsa, sálvia, tomilho.

COMO CONSUMIR: em preparações doces ou salgadas, sucos, chás, águas aromatizadas.

COMO ARMAZENAR: as folhas frescas devem ser higienizadas e bem secas e guardadas em embalagens zip ou em potes de vidro, sendo necessário utilizá-las na mesma semana. As secas duram mais e podem ficar em pote bem vedado, ao abrigo da luz e do calor.

Chá

Os estudos apontam para suas propriedades termogênicas e de queima de gorduras quando contém cafeína, tendo importantes implicações na perda de peso. Além disso, pelo seu efeito de combate aos radicais livres graças à imensa quantidade de substâncias antioxidantes – especialmente as catequinas – e por ajudar na circulação e na eliminação de substâncias tóxicas, o chá-mate e todos os derivados da planta *Camellia sinensis* também favorecem o emagrecimento. Isso acontece principalmente porque indivíduos com excesso de peso possuem altos níveis de estresse oxidativo, precisando de quantidades maiores de antioxidantes. O conteúdo de cafeína destes chás auxilia no desempenho esportivo e na melhora do foco e da memorização. A diferença entre os chás da *Camellia sinensis* são a parte da planta utilizada e a passagem ou não pelo processo de fermentação. O branco não é fermentado; o verde é levemente fermentado; o oolong, mediamente fermentado; ao passo que o preto, de sabor mais forte e pronunciado, é o mais fermentado de todos. O chá-mate é obtido da tostagem das folhas da *Ilex paraguariensis*, e recomendo que seja feito da erva seca, em vez de comprado na forma industrializada, em que são adicionados conservantes, açúcar e adoçantes. Como esses chás são estimulantes, é preciso ter cuidado com o horário em que são consumidos, pois podem atrapalhar o sono.

Destaque:
O matcha, que vem se tornando popular no Brasil, é um chá produzido a partir da folha completa da *Camellia sinensis*. Em termos de poder antioxidante, beber 1 xícara de matcha equivale a beber 10 xícaras de chá verde tradicional. O teor de theanina, aminoácido calmante e que ajuda a aumentar um neurotransmissor chamado gaba (responsável por foco, tranquilidade e ondas cerebrais mais calmantes), está presente em quantidade cinco vezes maior no matcha que em outros chás, fazendo com que se possa consumi-lo mesmo à noite, sem ter o efeito de tirar o sono.

ALIMENTOS NESSA CATEGORIA: chá branco, chá-mate, chá preto, chá verde, chá vermelho, matcha.
COMO CONSUMIR: chás, chás gelados, suchás, águas aromatizadas. Evite comprar as ervas em quantidades muito grandes; prefira pacotes menores da erva seca, fechados, com data de validade especificada e de preferência de fontes orgânicas. Os chás industrializados disponíveis no mercado, com açúcar, adoçantes e outros aditivos químicos, não têm os mesmos efeitos terapêuticos listados anteriormente.

Algas

A spirulina é um tipo de alga e uma excelente fonte de nutrientes, por isso é usada como suplemento alimentar. Ela apresenta alta concentração de proteínas, vitaminas do complexo B, vitamina C e E, ou seja, diversos compostos importantes para manter nosso organismo equilibrado e saudável. Possui efeitos antioxidantes sobre o fígado, protegendo-o do acúmulo de gordura hepática. Também reduz os níveis de colesterol e pressão arterial e possui um efeito protetor da parte cardiovascular e circulatória.

A kombu é uma alga originária da costa do Japão. A maior parte do seu sabor e de suas propriedades nutricionais é obtida quando ela é desidratada (deixada sob a ação do sol por dois anos). Destaca-se pelo teor de iodo, importante para o bom funcionamento da glândula tireoide, uma das principais reguladoras do nosso metabolismo. Também apresenta quantidades relevantes de cálcio, manganês, carotenoides e vitamina C. Ajuda a baixar o colesterol e a pressão arterial, protege contra alguns tipos de câncer e também possui ação antiviral.

ALIMENTOS NESSA CATEGORIA: kelp (foto acima), kombu e spirulina.

COMO CONSUMIR: a kombu pode ser utilizada no cozimento dos grãos para torná-los mais digeríveis e menos propensos à formação de gases, uma vez que possui enzimas capazes de decompor a rafinose dos feijões e grãos. A spirulina em pó pode ser acrescentada ao suco verde.

FONTES DE PROTEÍNA ANIMAL

Carnes magras

São alimentos com valor proteico elevado, sem carboidratos e com baixo teor de gordura, o que garante à refeição boa qualidade de proteínas. São recomendadas para quem busca aumento de massa muscular e emagrecimento. Contribuem bastante com a qualidade da dieta, auxiliando a manutenção da massa muscular mesmo quando se está perdendo peso. Algumas carnes que costumamos ver em churrascarias, como picanha, cupim e contrafilé, possuem teor elevado de gorduras, por isso são consideradas gordas. Sendo assim, não são indicadas para o dia a dia, mas para um consumo mais esporádico.

ALIMENTOS NESSA CATEGORIA: carne bovina (alcatra, filé-mignon, patinho), frango (peito), peru.

COMO CONSUMIR: após temperar a carne magra, ela pode ser preparada de diversas formas: cozida, grelhada, ensopada, assada, na pressão. Evite frituras!

COMO ARMAZENAR: não tempere as carnes se for congelá-las. É muito importante congelar

a carne fresca e não comprá-la já congelada. Se for preparar hambúrguer ou filés, por exemplo, pode já congelar em porções, separando cada uma com papel-manteiga ou usando saquinhos tipo zip, guardando em potes de vidro herméticos. Na hora de descongelar, retire do freezer e coloque na geladeira, para evitar o risco de contaminação.

Peixe

Carne com baixo teor de gordura saturada, o peixe possui proteína de ótima qualidade. Por ser rico em vitaminas A, D e E, além de niacina e ácido pantotênico, sódio, magnésio, cálcio, manganês, ferro e potássio, é um alimento anti-inflamatório, antioxidante e neuroprotetor. Por sua qualidade proteica, ajuda a cuidar da massa muscular e a manter um gasto energético mais ativo. A carne de peixe é de fácil preparo e apresenta alta digestibilidade, isto é, depois de consumida não deixa aquela sensação de estômago pesado.

Muito se fala sobre o ômega-3 presente em peixes como sardinha, salmão, arenque e atum, quando não criados em cativeiro. Estudos mostram que esse nutriente auxilia na redução do risco de doenças cardiovasculares, na diminuição das taxas de triglicerídeos e colesterol e até mesmo na obesidade. Muito se fala da contaminação dos peixes por metais tóxicos como arsênico, chumbo e mercúrio. O mercúrio tem efeito neurotóxico e nefrotóxico, podendo gerar sintomas de depressão, irritabilidade, agitação, alteração dos rins e, em grande quantidade, prejuízos neurológicos e comportamentais. Para minimizar o risco de contaminação, dê preferência aos peixes com escamas e de ciclo de vida curto/médio, como sardinha, carpa, dourado, tilápia e truta. Evite comer com muita regularidade atum, cavala e cação.

ALIMENTOS NESSA CATEGORIA: hadoque, linguado, namorado, salmão, sardinha, tilápia. Os peixes maiores, predadores, acumulam muitas toxinas; se possível, dê preferência a peixes menores e/ou orgânicos.
COMO CONSUMIR: cru, grelhado, cozido ou assado. Evite frituras!
COMO ARMAZENAR: sempre procure comprá-lo fresco e de fonte segura. Se for congelar, separe em porções com papel-manteiga ou usando saquinhos tipo zip, dentro de potes de vidro herméticos. Na hora de descongelar, retire do freezer e coloque na geladeira, para evitar o risco de contaminação.

Ferramentas para garantir o sucesso

Mudar não é fácil. Quando envolve a alimentação costuma ser ainda mais complicado, pois exige mexer com hábitos arraigados, não só de gosto e preferências alimentares, como também de estilo de vida, compras e organização do tempo. O compromisso precisa estar firme – e com certeza foi isso que levou vocês a investirem neste livro e no plano alimentar para casais –, mas confiar somente na motivação inicial e na força de vontade é uma receita para o desastre.

Para reiterar o que vimos antes, o segredo do sucesso em qualquer esforço para emagrecer é:

- Ter objetivos definidos
- Seguir um plano alimentar bem estruturado
- Ter apoio (de amigos, família e/ou cônjuge)
- Organizar-se para cumprir o programa
- Aplicar técnicas para modificar o comportamento
- Fazer exercícios físicos regularmente
- Perder peso logo no início do programa em resposta às primeiras mudanças

Os objetivos, o plano estruturado e o suporte vocês já têm. Neste capítulo abordaremos a organização e o planejamento, técnicas para modificar o comportamento e a importância dos exercícios físicos.

Preparados para vencer

De nada adiante ler este livro, decorar todas as regras e recomendações, saber as propriedades dos alimentos funcionais e ter o apoio do cônjuge se não houver *organização* e *planejamento*. Saber direitinho o que comprar

Dica da Patricia: *estejam sempre cercados de itens saudáveis. No carro, no trabalho, viajando de avião ou mesmo no teatro ou em shows, tenha à mão itens fáceis de levar. Frutas frescas e secas, grãos integrais, verduras e legumes crus e castanhas podem ser armazenados em potes pequenos ou envolvidos em papel. Os shakes funcionais também podem ser colocados em garrafas térmicas e guardados por até 12 horas. O importante é programar o dia – e até a semana – com antecedência, para reduzir a dependência da traiçoeira "força de vontade".*

e deixar a casa abastecida com comidas saudáveis é fundamental para que se evite uma das piores armadilhas: as guloseimas engordativas na despensa, prontinhas para satisfazer nossa carência naquele momento de fraqueza. Não ter alimentos prejudiciais em casa também evita que outra pessoa da família os consuma na frente do casal, tirando o foco do programa.

Limpando e organizando a cozinha

O primeiro passo nessa direção é preparar a casa, começando pela cozinha. Antes de iniciar o plano, é imprescindível tirar todas as tentações da despensa e da geladeira. Isso significa doar o que não é permitido no plano: pães, biscoitos, guloseimas e alimentos processados em geral. Por mais difícil que seja, o ato de descartar as porcarias que vocês andaram consumindo tem um efeito psicológico que não pode ser desprezado. Para tornar a tarefa menos dolorosa – e até mesmo divertida – sugiro que transformem isso numa grande brincadeira. Vocês podem colocar uma música animada ou fazer uma aposta sobre quem será mais eficiente, enquanto um ataca a despensa e o outro, a geladeira. Até as crianças podem participar do jogo!

Além de livrar a casa dos alimentos danosos, é bom se certificar de que tem os utensílios necessários para começar o plano. Vejam a lista dos itens que convém ter em casa:

- Liquidificador para preparar os shakes e os leites vegetais.
- Duas tábuas de polipropileno sem ranhuras. Reserve uma para frutas e verduras e outra para carnes. As de madeira não são indicadas, pois acumulam sujeira e bactérias.
- Potes de vidro com tampas para guardar e preparar alimentos. Unte-os com óleo de coco para congelar as frutas.
- Saquinhos tipo zip para as frutas, as castanhas e os lanches.
- Panelas de inox, vidro ou cerâmica (evite aquelas com camada antiaderente, pois podem liberar toxinas).
- Garrafas de vidro para as águas aromatizadas e os chás.
- Garrafa térmica para levar o seu chá funcional para o trabalho (se for o caso).
- Peneiras finas para fazer os leites vegetais. Vocês podem comprar em lojas de produtos naturais, na internet ou fazer em casa usando um tecido como voile.
- Panela ou cesto de inox para cozinhar vegetais no vapor. Uma cuscuzeira também cumpre bem essa função.
- Utensílios de inox (não de plástico!) para cozinhar, como colheres, conchas e espátulas.

Dica da Patricia: *se vocês têm filhos ou moram com outras pessoas que não participarão do plano alimentar, talvez não seja possível descartar todos os alimentos proibidos. Nesse caso, eleja um espaço na despensa e na geladeira para guardá-los. Se ainda assim a tentação for muito grande, faça rótulos com o nome das pessoas que podem consumi-los.*

Missão compras – Muita atenção no supermercado

Esta é uma etapa muito importante no programa do casal. Ir juntos às compras pode ser inclusive um ótimo jeito de firmar ainda mais o compromisso de vocês, permitindo que ambos escolham entre as opções de alimentos saudáveis.

Um planejamento cuidadoso antes da ida ao supermercado é decisivo para o sucesso do programa. O ideal é que vocês o façam semanalmente e, se possível, juntos. Mas não vale forçar a barra: se um dos dois não pode ou não quer fazer isso, o outro cônjuge assume a tarefa de selecionar o que será comprado para o casal. Se forem preparar a comida da semana em um único dia e congelá-la, apenas uma ida ao mercado será suficiente. Mas se forem cozinhar diariamente, serão necessárias passadas rápidas por algum mercado, uma feira ou um hortifrúti para reposição dos itens mais frescos, que cada vez mais serão implantados no cardápio de vocês.

Consultem as receitas do que pretendem comer na semana, preparem a lista de compras e partam em busca dos itens. Se naquela semana forem receber amigos em casa, levem uma lista especial dos itens para a ocasião. Embora as receitas indiquem hortaliças específicas, é possível fazer algumas substituições (um legume por outro, ou uma fruta por outra), uma vez que os alimentos da estação garantem maior quantidade de vitaminas e nutrientes, além de serem melhores em termos de preço.

Procurem consumir orgânicos sempre que possível, comprando-os em supermercados, feiras ou ainda pequenas cooperativas. Os benefícios são muitos. Alguns alimentos, especialmente pimentão, cenoura, tomate, pepino, alface, uva e morango, que estão no topo da lista de alimentos mais contaminados por agrotóxicos no Brasil, merecem atenção especial: fiquem de olho no selo de certificação das versões orgânicas. Esses alimentos costumam ser mais caros, mas há cada vez mais feiras de produtos orgânicos nas cidades brasileiras, onde se pode comprar direto do produtor a um custo mais baixo que o do supermercado.

Para guiá-los, vocês podem consultar a lista de alimentos permitidos em cada fase.

Dicas para as compras:

- Evitem os estabelecimentos muito grandes, cheios de enormes corredores entupidos de tentações estrategicamente colocadas no caminho do que vocês precisam comprar.
- Comecem pela seção de frutas e legumes frescos para abastecer de itens saudáveis os seus lanches, passando longe de batatas fritas, biscoitos ou chocolates.
- Uma dica do tempo da vovó que continua valendo: jamais vá às compras quando estiver com fome. Ela pode impulsionar a compra de produtos e alimentos desnecessários.
- Deixem para ir ao supermercado no "dia de feira", aquele em que frutas, legumes

e verduras são repostos e estão mais viçosos. Varie na escolha dos tipos de hortaliças e suas cores (isso garante que você tenha a maior quantidade possível de nutrientes), e procure as da época. Legumes e verduras já picados são práticos, mas perdem vitaminas por estarem com maior área de contato com o ar e a luz. Mesmo assim, se vocês não têm quem possa cortá-los ou tempo para tal, é uma opção válida.

- Se não puderem optar pelos vegetais frescos por falta de tempo ou organização, prefira os congelados aos enlatados. Verifique apenas se não receberam adição de glutamato monossódico ou se têm alto teor de sódio. Esses dados estão contidos na lista de ingredientes e nas informações nutricionais.
- Comprem sempre mais produtos frescos do que industrializados, pois estes estão cheios de corantes, conservantes e adoçantes, produtos tóxicos que podem dificultar o funcionamento do metabolismo e a perda de peso.
- Os últimos produtos a serem colocados no carrinho devem ser as carnes em geral, para que fiquem o menor tempo possível fora da refrigeração.
- Procurem as embalagens em versão menor. Comida que sobra na geladeira acaba sendo consumida sem necessidade.

Arrumando a geladeira e a despensa

Ao chegar em casa com as compras, é necessário higienizar tudo antes de guardar. Hortaliças e frutas devem ser mergulhadas por 15 minutos em uma mistura de vinagre com peróxido de hidrogênio a 3%. A medida é de duas colheres de sopa de cada em um litro de água. Em seguida lave em água corrente para tirar o excesso da mistura.

A arrumação da geladeira é importante para preservar ao máximo os nutrientes dos alimentos. Não coloque toalhinhas nem forre as prateleiras, pois isso dificulta a refrigeração e aumenta o consumo de energia elétrica. Nunca guarde na geladeira panelas ou sobras de produtos enlatados na própria lata, e evite ao máximo o uso de plástico que, além de outros elementos tóxicos, pode conter BPA (Bisfenol A), uma substância química comprovadamente nociva que é ativada pelo contato com o calor.

As prateleiras superiores são as áreas mais geladas. Devemos armazenar ali sucos, leites vegetais e produtos lácteos (como leite, iogurte, manteiga). Sempre coloque os alimentos com vencimento mais próximo na frente dos demais.

Na prateleira logo abaixo devem ficar os alimentos prontos, como legumes cozidos e sobras, devidamente guardados em potes de vidro. Esse é também o melhor local para os ovos, que devem ser guardados em sua embalagem original e no fundo da prateleira, nunca na porta da geladeira, onde há alteração constante de temperatura, aumentando o risco de infecção.

Se sua geladeira tiver gavetas menores, utilize-as para armazenar as carnes que serão descongeladas. Se não as tiver, faça isso na terceira prateleira.

Acima dos gavetões coloque garrafas de água e frutas diversas. O gavetão é o local menos refrigerado, por isso é ideal para guardar legumes e verduras. Depois de higienizados, eles podem ser guardados bem secos em potes de vidro ou em saquinhos plásticos individuais.

Na porta, recomenda-se colocar apenas conservas e temperos.

Procurem ter sempre na geladeira itens já cortados, prontos para comer sem restrições, como folhas, tomate-cereja, e palitinhos de pepino, cenoura ou aipo. Eles podem inclusive ser estocados no freezer para durar mais tempo, facilitando a sua vida na hora de preparar um shake ou outras receitas. Sopas também são boas opções e podem ser consumidas frias ou aquecidas. Você encontrará receitas deliciosas no final deste livro.

Outros amigos da dieta são o chá gelado e as águas aromatizadas. É importante se hidratar, e encontrar bebidas saborosas e prontas para o consumo na geladeira ajuda a evitar que se confunda sede com fome.

É recomendado limpar a geladeira a cada 15 dias, sem utilizar produtos tóxicos. Uma boa opção é o bicarbonato de sódio em pó, mas, na falta dele, água pura resolve.

Os produtos que ficam em temperatura ambiente devem ser guardados em lugar seco, arejado, ao abrigo da luz e longe do calor. Coloque os produtos com vencimento mais próximo na frente, para que sejam consumidos antes.

Agora que a despensa está livre de porcarias e tentações e cheia de grãos integrais, e com a geladeira transbordando de frutas, legumes e verduras frescos, vocês já podem começar a pensar nos cardápios semanais.

Cardápios semanais

Para tornar o seu planejamento ainda mais fácil, sugiro montar cardápios para cada dia de semana, pelo menos para as refeições que serão feitas em conjunto, como o café da manhã e o jantar, e para os shakes e chás. Veja a seção de receitas ao final do livro e se inspire. Ou busque inspiração no meu site e no meu Instagram. A definição dos cardápios da semana pode ser uma atividade gostosa para se fazer numa manhã ou tarde de domingo.

Modelo de cardápio semanal

	Café da manhã	Lanche	Almoço	Lanche	Jantar
2ª feira					
3ª feira					
4ª feira					
5ª feira					
6ª feira					
Sábado					
Domingo					

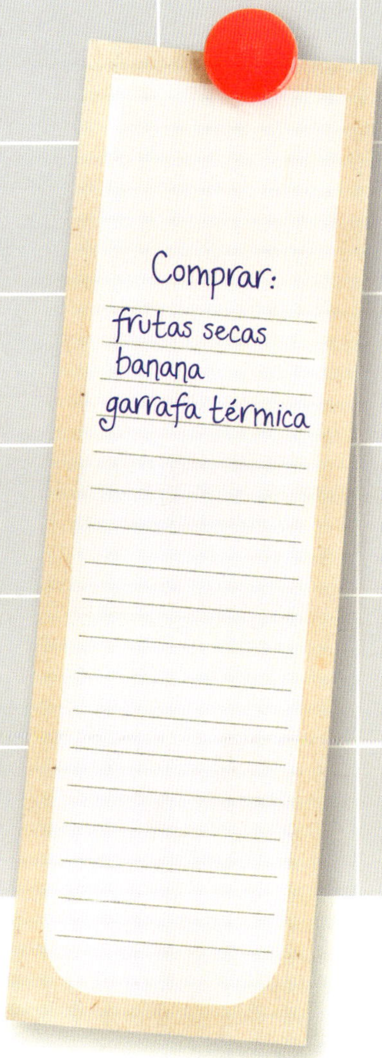

A importância dos exercícios físicos e a melhor maneira de encaixá-los na rotina

O treinamento físico previne ou trata uma grande variedade de condições degenerativas, incluindo doenças cardiovasculares, câncer, diabetes, depressão, doença de Alzheimer e de Parkinson, entre outras. Todo exercício gera estresse fisiológico, e as adaptações que ocorrem no organismo para lidar com esse estresse são ótimas para a saúde. Os benefícios acontecem não apenas no músculo trabalhado, mas também em tecidos, como o adiposo, no fígado e no cérebro.

Os efeitos na saúde variam de acordo com a frequência, a duração e a intensidade do treinamento.

Em termos gerais, o exercício pode ser agrupado em três categorias:

- **TREINAMENTO DE FORÇA:** atividade física que resulta no aumento da força muscular e no armazenamento de energia dentro do músculo, e também em hipertrofia (crescimento) das fibras musculares.
  Exemplos: exercícios com pesos livres tradicionais e halteres, máquinas de peso, peso corporal próprio, elásticos e bolas apropriadas.

- **TREINAMENTO DE RESISTÊNCIA:** atividade física que visa aumentar a capacidade de um músculo ou um grupo muscular. Exerce uma resistência por período prolongado e envolve várias vias metabólicas aeróbicas.
  Exemplos: corridas de longa distância, ciclismo, exercícios com uso de pesos mais leves e maior número de repetições.

- **TREINAMENTO CONCORRENTE:** treino simultâneo de exercícios aeróbios e de força em uma mesma sessão.
  Exemplos: circuitos com exercícios intercalando força e resistência, como crossfit.

Cada categoria gera diferentes adaptações no organismo. Todas elas ativam a síntese de proteínas, que influi positivamente no estado nutricional do músculo. Ou seja: qualquer que seja o tipo de atividade que você escolher, seu corpo agradecerá.

O exercício é bem mais aceito pelos homens na hora de brigar contra os quilos a mais. As mulheres acreditam mais na dieta, e acabam desprezando essa importante ferramenta. Como a perda delas é mais lenta, acabam se desapontando diante da comparação injusta com os homens que, como vimos, têm um metabolismo mais rápido. Segundo estudos, **as mulheres subestimam em média 47% quanto comem e superestimam em 51% a intensidade do seu exercício**. Para piorar, a atividade física extenuante as deixa com mais fome, o que não acontece com eles. Em vez de se movimentarem mais, na maior parte das vezes as mulheres se entregam a propostas nutricionais cada vez mais radicais e restritivas, que são mais propensas a gerar frustração.

Pelo que percebo, minhas clientes se adaptam melhor a caminhadas, musculação, ioga, pilates e muay thai. Já os homens funcionam melhor com corrida, tênis, pedalada, musculação e crossfit. Enquanto elas têm mais facilidade em fazer exercícios acompanhadas de amigas ou em aulas coletivas, eles preferem se exercitar sozinhos ou em esportes de competição.

Se um de vocês (ou ambos) é sedentário, o truque é experimentar mais de uma atividade com a mente aberta até encontrar algo que possa funcionar. E vocês nem precisam investir pesado nisso: uma caminhada ou corrida dentro do condomínio ou num parque próximo, com a companhia um do outro ou de uma *playlist* animada é um excelente começo. Se a preferência for por ioga ou pilates, você encontrará vídeos no YouTube com opções. Se tiverem filhos, pode ser uma ótima oportunidade para todos saírem de casa e fazerem uma trilha, caminhada ou baterem bola em algum lugar ao ar livre. Afinal, o sedentarismo é um mal que também está atingindo as crianças e deve ser combatido em família.

E se vocês ainda precisam de estímulo para colocar um tênis e se mexer, mirem-se em diversos estudos que mostram que **a atividade física é uma das principais responsáveis pela manutenção de peso após o emagrecimento.**

Natalia & Rafael

Realizar essa mudança juntos foi de extrema importância. Se um de nós não a tivesse iniciado, teria sido muito difícil para o outro seguir em frente. Quando ambos estão juntos, focados em um mesmo objetivo, a motivação dobra e um passa a ajudar o outro nas fraquezas, nas dificuldades e nos momentos de desânimo. Alcançar resultados e ver o parceiro tendo sucesso também proporcionam um prazer muito grande que solidifica a relação e só traz benefícios. Hoje somos um casal muito mais feliz, motivado, disposto e que descobriu um novo horizonte de prazeres e caminhos para seguir juntos.

O CASAL NA VIDA REAL

Natalia e Rafael têm 30 anos e estão juntos há 8. Gordinha a vida toda, ela sempre teve extrema dificuldade para perder peso, muito por conta da falta de dedicação e disciplina. Conseguiu, após a gestação, eliminar uns quilinhos extras, mas nunca saiu do patamar de sobrepeso.

Rafael oscilava muito de peso. O casal vivia uma realidade de alimentação nada saudável – o que inclui o filho de 6 anos –, mas tinha consciência de que a saúde ficava prejudicada, assim como, é claro, a estética. Nenhum dos dois tinha muito pique para acompanhar a rotina infantil, e isso os incomodava bastante.

As refeições da família sempre incluíram bastante pizza, massa, fast-food. Nunca foram orientados com relação a uma alimentação mais saudável. Em função do filho, costumavam ter guloseimas na despensa, o que acabava sendo uma armadilha.

Natalia é recepcionista e ela mesma prepara as refeições da família. E adora doces! Quando chegou ao meu consultório, relatava intestino preso e dores de cabeça de duas a três vezes por semana, mais exacerbados no período da TPM. Sempre usou analgésicos para tentar diminuir o incômodo.

Rafael trabalha em casa como web designer. Com histórico de alto consumo de bebida alcoólica, vem reduzindo essa ingestão. Parou de fumar há pouco tempo. É muito alérgico e faz uso crônico de descongestionante nasal. O lado bom é que gosta de exercícios físicos: frequenta a academia e corre na esteira. Ela contou:

"Para mim, o principal fator que me fazia ganhar peso era a ansiedade, o estresse cotidiano, que eu sempre amenizava no prazer de comer. Para o Rafael, era o consumo de bebida alcoólica e o fato de ter parado de fumar associados ao dia a dia corrido e desregrado."

Na primeira fase do projeto, sentiram muita falta dos pães e dos laticínios, mas foram obtendo resultados positivos de maneira tão rápida que toda e qualquer restrição foi valendo a pena. A disposição deles para os afazeres do dia a dia triplicou! Natalia apresentou grande melhora da acne no rosto e seu intestino passou a funcionar com mais regularidade.

Rafael teve mais pique para intensificar o ritmo da atividade física, e seus sintomas de alergia sumiram logo nesse início do programa de casais:

"A Fase 1 foi difícil, é verdade, mas bem menos difícil do que imaginamos quando ela nos foi apresentada. Não tínhamos o hábito de consumir tantos alimentos variados, então não sabíamos nem preparar os legumes e as saladas de maneira que ficassem saborosos. Mas fomos melhorando a cada dia e nos surpreendemos com o modo como foi se tornando mais simples e prazeroso."

Natalia e Rafael adoraram os chás. Também foi fácil inserir os shakes na rotina, usando muitas frutas diferentes e priorizando o leite de aveia, o que mais gostaram dentre os leites vegetais. Ficaram muito bem com as sopas à noite, pois gostam de uma refeição quentinha e cremosa. Capricharam nas saladas, que eram sempre muito coloridas, e não sentiram muita falta do café.

Eles se policiaram para aumentar a ingestão de água e não fugiram do plano alimentar uma única vez! Conseguiram ter sucesso em adaptar a dieta à correria do dia a dia.

"Tanto na primeira quanto na segunda fase, ficar sem proteína animal sempre foi o mais difícil, mas fomos aprendendo a gostar de outros sabores, descobrindo novos temperos, molhos, para incrementar as saladas e esquecer um pouco a falta que a carne fazia."

Na Fase 2, Natalia disse estar muito feliz por não ter mais os incômodos gases. Apesar de sempre ter sido louca por doces, não tem sentido a mesma vontade incontrolável e está surpresa com isso. O casal conseguiu estender a alimentação saudável para o filho também, e agora as refeições são feitas em família!

"Adaptamos a realidade da nossa nova alimentação para o nosso filho também, exceto nos períodos em que tínhamos mais restrições. Percebemos uma melhora extraordinária na disposição para realizar todas as tarefas cotidianas. Além disso, criamos um momento para nós, em que realizamos atividades físicas juntos em locais ao ar livre, algo que fez muito bem à nossa relação."

A rotina de compras para a despensa também foi alterada. Agora praticamente não vão a supermercados, dando preferência a comprar itens mais frescos em sacolões e em lojas de produtos naturais. Souberam administrar também as refeições realizadas fora de casa, como no período em que estão trabalhando. Para eles é fácil encontrar opções adequadas em restaurantes self-service e manter a dieta balanceada. Também lidaram de forma positiva com os compromissos sociais, e costumam comer algo leve em casa antes de sair, para não chegarem aos lugares com fome.

Para vencer a preguiça e outras tentações, contaram com várias estratégias. Incentivavam muito um ao outro, não se permitiam desanimar. Um agia como fiscal do outro. Ninguém queria ser o primeiro a ceder, e com essa motivação a mais eles foram encarando o plano alimentar numa boa, sem precisar de escapulidas.

"Costumamos dizer que mudamos de vida. Diversificamos muito a alimentação, aprendemos a fazer novas combinações e a dosar as quantidades, e abraçamos com entusiasmo as atividades físicas. Passamos a aproveitar muito mais o dia e a realizar atividades ao ar livre juntos. Estamos mais próximos, felizes, bem-humorados e dispostos."

Peso inicial Natalia: 101kg
Peso inicial Rafael: 84,5kg

Resultados em 8 meses

	PESO	GORDURA	CINTURA	QUADRIL
Natalia	-31,2kg	-25,2kg	-20,7cm	-21,2cm

Resultados em 3 meses

	PESO	GORDURA	CINTURA	QUADRIL
Rafael	-11kg	-11kg	-12cm	-9cm

CAPÍTULO 6

Como lidar com as dificuldades e superar desafios

A mudança na rotina exigida pelo plano dos casais não é fácil. Para a maioria das pessoas, retirar da alimentação itens tão comuns em seu dia a dia, como os pães e os lácteos e, na Fase 1, as carnes, representa um desafio e tanto. E como se testar os limites da disciplina e da força de vontade não fosse difícil o bastante, existem ainda os obstáculos externos, como a correria do cotidiano e o estresse, os compromissos sociais e a pressão – para não dizer o boicote! – de amigos e parentes.

Mas antes de atirar o livro contra a parede e desistir de tudo, saiba que para cada obstáculo há várias soluções possíveis, e contar com o apoio um do outro torna tudo mais ameno. O resultado final será ainda mais gratificante por conta disso.

Como nutricionista, sei como é complicado manter o foco na alimentação saudável, continuar motivado e superar as muitas tentações de fugir do plano e voltar à rotina anterior. Por isso, fiz questão de incluir no plano dos casais um capítulo dedicado exclusivamente a soluções para os entraves que sem dúvida surgirão ao longo dessa caminhada. Identifiquei obstáculos ou desafios comuns e uma série de estratégias que costumam funcionar para meus clientes. Com essa informação – e o apoio do parceiro –, o corpo esbelto e a saúde de ferro que vocês merecem estarão a seu alcance. Acreditem!

OBSTÁCULO Nº 1: Crianças em casa

Há quem pense que é impossível seguir uma dieta nutritiva e pouco calórica convivendo com crianças. Afinal, elas precisam de energia para crescer e brincar, e onde tem criança tem biscoito, sucos adoçados, leite achocolatado,

batata frita, salgadinhos... Certo? Errado! É preciso investir em saúde para toda a família.

A dieta do casal também beneficia as crianças da família. Pais e mães que emagrecem funcionam como modelo, e a perda de peso permite que o casal ensine aos filhos a importância da alimentação saudável, da prática permanente de exercícios e de hábitos de vida saudáveis. Sem falar que eles podem até se divertir ajudando os pais na preparação das refeições. Cuidado apenas para não trazê-los para o programa, que é desenhado para adultos. A ideia é que eles aprendam a não precisar disso no futuro.

O momento das refeições é um dos mais decisivos na educação das crianças. As que comem com os pais têm menos problemas de comportamento, tiram melhores notas, têm relacionamentos mais saudáveis e menos incidência de consumo de drogas, inclusive cigarro e álcool. Comer em família também diminui o risco de distúrbios alimentares, já que eles podem ser identificados imediatamente. Ver os pais consumindo mais frutas e legumes em casa incentiva o gosto por esses alimentos. Altamente influenciáveis, crianças que estão expostas a maus hábitos alimentares em casa ficam mais propensas a gostar de itens gordurosos e calóricos, a não apreciar legumes e verduras e a ter mais compulsões.

Em termos de atividades físicas, pais com sobrepeso costumam ser mais sedentários, e seus filhos provavelmente passarão a maior parte do tempo em frente à TV. Esta, aliás, **nunca** deve estar ligada durante a refeição, principalmente das crianças. Elas precisam prestar atenção às cores, aos sabores e às texturas dos alimentos, até para definirem do que gostam. Almoços e jantares em família também devem ser calmos e agradáveis, sem que sejam levados à mesa questionamentos ou discussões. Não é o momento para conflitos, e sim para aproveitar o tempo juntos e educar.

A preocupação com o exemplo só não pode ser excessiva – o monitoramento restritivo exagerado na alimentação dos filhos pode fazer mais mal do que bem. Quando isso acontece, as crianças tendem a crescer tendo compulsões alimentares pelos alimentos proibidos, o que pode ter o resultado oposto do esperado. A melhor estratégia para desenvolver uma rotina saudável é sem dúvida a moderação dentro de uma dieta variada, com algumas liberdades nos fins de semana. O peso tem um componente genético, mas é ativado ou controlado pelos hábitos do dia a dia.

Ter bebês ou filhos pequenos em casa é uma experiência maravilhosa, mas que exige muito do casal. A presença deles demanda uma infraestrutura e um nível de organização tão intensos que muitas vezes o foco e a atenção ficam exclusivamente em torno dos pequenos, deixando as necessidades pessoais dos adultos em segundo (ou terceiro) plano. Essa é uma das razões pelas quais tantas mulheres (e casais) têm dificuldades em emagrecer depois do nascimento dos filhos. Sim, porque muitos pais "engravidam", imitando a mulher e "comendo por dois" durante a gestação.

Se o casal vai fazer o programa com o bebê em casa, a melhor maneira de garantir que toda a família se alimentará adequadamente é programar cardápios semanais. Procure usar na comida do bebê os mesmos ingredientes que estarão no menu dos pais, adequando-os às necessidades dele: batidos, amassados com garfo ou em pequenos pedaços, dependendo da fase de vida da criança. Tirando alguns itens mais específicos como ovos, peixes e algumas hortaliças, o bebê pode ser apresentado a quase todas as comidas de maneira progressiva a partir dos seis meses, quando deixa de ter o leite materno como fonte exclusiva de alimentação. A dieta do casal será beneficiada por tabela, pois a criança nessa fase só pode consumir alimentos frescos, saudáveis e naturais, o que normalmente já os obriga a direcionar as compras nesse sentido.

Vale um alerta máximo, porém, em relação à perigosíssima noção de recompensa. Dependendo do grau de cuidados que a mãe (na maioria dos casos) tenha sobre a criança, ela pode ficar cansada e sobrecarregada ao somar aos cuidados com o bebê ao seu ritmo de trabalho normal. É muito comum nesses casos ela se achar merecedora de uma torta ou outra bomba calórica para compensar o esforço hercúleo de ser multitarefa e cuidar de tudo, com frequência sozinha.

Outro risco para as novas mães é o sono prejudicado. Se a criança acorda muitas vezes à noite e a mulher não dorme

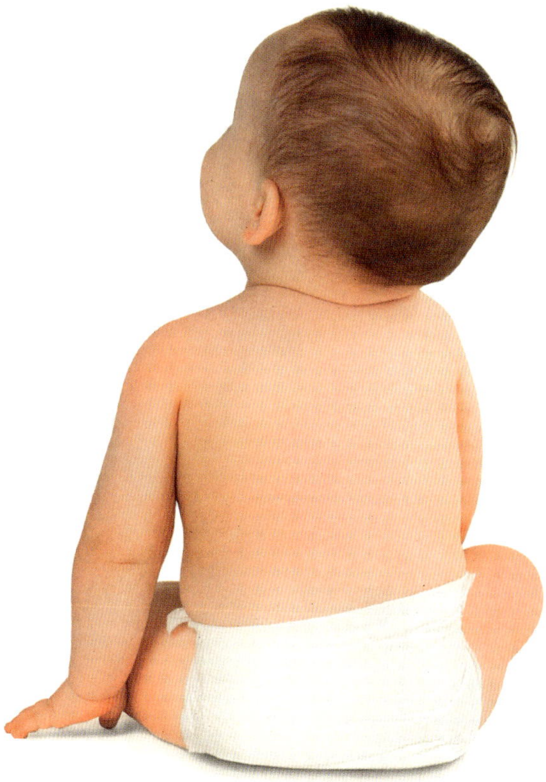

bem, a produção de hormônios é afetada, o que favorece o apetite fora de hora e o consequente ganho de peso.

Alguns casais conseguem tirar o melhor proveito de terem menos disponibilidade para sair. Como os jantares em restaurantes e as festas são sempre um risco para o programa de emagrecimento, comer mais em casa pode ser um estímulo para refeições mais saudáveis.

Com os filhos um pouco maiores, a partir dos 2 anos, as refeições já são basicamente as mesmas para todos os moradores da casa. E quanto mais novinhos, mais fácil é treiná-los apresentando elementos saudáveis no cardápio. Bem mais complicado é tentar mudar a alimentação de uma criança já exposta às chamadas "besteiras" dentro de casa. Se esse é o seu caso, não se desespere. Vocês podem – e devem – aproveitar o programa para implantar algumas mudanças domésticas.

As crianças podem gostar de ir com os pais ao mercado ver de onde vêm os legumes, verduras e frutas frescos. Certifiquem-se de que os pequenos tenham sempre uma opção desses vegetais a cada refeição e deixem ao alcance deles lanches saudáveis, mantendo-os acessíveis e prontos para comer. A criança deve ingerir **pelo menos cinco porções por dia de frutas, legumes e verduras**.

Outros exemplos de petiscos do bem são iogurte (que não seja adoçado), manteiga de castanhas e biscoitos de grãos integrais, saudáveis e orgânicos. Carnes magras são boas fontes de proteína, assim como peixe, ovo, feijão e nozes. Escolham pães e cereais enriquecidos com grãos integrais para que as crianças consumam mais fibras. Limitem a ingestão de gordura, evitando frituras e escolhendo métodos de cozimento mais saudáveis como grelhar, assar e cozinhar. Opte por produtos lácteos de fontes variadas e com baixo índice de açúcar e gordura.

Reduzam o consumo de refeições tipo fast-food e de alimentos industrializados. Os poucos produtos que resistirem à limpa na despensa devem ser consumidos esporadicamente.

Vejam algumas medidas que mudam para melhor os hábitos de toda a família:

- Reduzam a quantidade de produtos industrializados da despensa. Chequem os rótulos e procurem limitar o consumo semanal daqueles que contêm xarope de milho, gordura hidrogenada ou gordura e açúcar como o primeiro ou segundo item da lista de ingredientes. Menos tentação em casa é bom para pais e filhos.
- Escolham entre as receitas do programa algumas que possam agradar às crianças e preparem tudo em família. Trazer os filhos para a cozinha e mostrar de forma lúdica como a comida é preparada ajuda a despertar o interesse pelos alimentos.
- Procurem empregar uma atitude positiva em relação à alimentação. Não se queixem do próprio peso ou da insatisfação com a comida. Tampouco comam demais com seus filhos ou exijam que terminem o prato quando claramente não tiverem mais fome. **Os hábitos adquiridos na infância são os mais difíceis de reverter.** A comida pode estar deliciosa, mas a criança tem que aprender a entender os recados do próprio organismo e parar de comer se estiver satisfeita.
- Evitem recompensar a criança com alimentos, sobremesas ou sua "bobagem" preferida. Não demonstrem amor através da comida e sim com abraços, carinho e afeto.

OBSTÁCULO Nº 2: Falta de força de vontade e motivação

Você é responsável pelos seus atos, mas durante esse programa não estará sozinho. Façam um pacto um com o outro para os momentos de desânimo.

A dieta a dois apresenta um conjunto único de desafios. Mesmo estando em sintonia e seguindo juntos o programa de boa alimentação e exercícios, você e seu parceiro provavelmente irão se deparar com diferenças que podem testar o vínculo entre vocês. Como vimos, as motivações para perder peso não costumam ser as mesmas para os dois gêneros: os homens em geral são impelidos a cuidar da alimentação por recomendação médica, enquanto as mulheres são movidas pela pressão social para ser magra. Ainda que tenham um objetivo comum e o roteiro compartilhado, o organismo de cada um reage de uma forma diferente, e isso vale não só para o emagrecimento; os momentos de carência e fraqueza também têm gatilhos distintos.

Comecem todos os dias renovando seu compromisso com a dieta. Falem em voz alta um com o outro sobre isso ainda pela manhã, antes de iniciarem as atividades do dia. Se um de vocês – ou ambos – tiverem vontade de fugir da dieta, aguardem 20 minutos e observem que esse não era um desejo real. Imaginem-se com quilos extras quando estiverem tentados. Coloquem fotos de vocês em um peso saudável na porta da geladeira e olhem para elas sempre que forem abri-la para pegar algo. Não provoquem a vontade vendo fotos e livros de culinária com preparações calóricas.

O que fazer quando um dos dois quer desistir?

O que motiva as pessoas a começar um programa de emagrecimento nem sempre é suficiente para mantê-las comprometidas ao longo do processo. Perder peso e se manter na linha requer mais do que apenas força de vontade; é preciso seguir um plano que inclua boas escolhas alimentares, exercícios, pensamentos positivos e uma atmosfera favorável para que tudo isso seja colocado em prática. O empenho inicial tem que ser *reabastecido* e um dos estímulos mais eficazes é ver os resultados no espelho e na balança.

Lembrem-se de que os efeitos positivos aparecem primeiro nos homens – as mulheres terão que esperar um pouco mais para ter essa boa notícia. Como vimos, a relação delas com o excesso de peso e a aparência é também emocional, e não um problema objetivo como costuma ser para os seus parceiros. Já que se preocupam mais com a forma como os outros as veem, elas são muitas vezes motivadas por feedback positivo como comentários e observações de outras pessoas, ou quando os outros reconhecem que elas alcançaram resultados. Os homens, por sua vez, são mais incentivados por resultados de exames clínicos indicando queda da pressão arterial e aumento dos índices de glicose e colesterol.

É muito importante que vocês fiquem atentos e sejam compreensivos com as suas diferenças. Quando se encara a alimentação como consolo, por exemplo, é difícil parar de comer. Por outro lado, se você não usar o alimento para melhorar o próprio humor, pode ter dificuldade em entender por que seu parceiro encontra alívio em barras de chocolate ou numa enorme taça de sorvete.

Curiosas com relação aos aspectos da nutrição, as mulheres pesquisam mais, inclusive sobre as atitudes que favorecem o emagrecimento. Seus companheiros acabam pegando uma carona saudável nesse conhecimento, o que é mais um fator de sucesso no plano a dois. Essa cumplicidade tem que ser aproveitada ao máximo e usada para proteger vocês dos momentos de fraqueza, quando a desmotivação ameaçar a sua disciplina.

Casais tendem a se acomodar com padrões de alimentação desenvolvidos ao longo dos anos de convivência. Interromper esse padrão incomoda, e as mudanças na alimentação podem provocar medo, ansiedade e sentimentos de rejeição.

O parceiro pode se sentir deixado de lado se os resultados não vierem da mesma forma para os dois, ou ameaçado pelo sucesso do cônjuge que emagrece mais rapidamente. É papel deste reforçar a confiança do companheiro, lembrando que desde o início esse foi um projeto dos dois e que a ideia é que ambos fiquem mais saudáveis e bonitos.

Aqui mais do que nunca vale a regra de ouro deste plano: não desanimar jamais o seu parceiro nem colocá-lo para baixo com cobranças e comparações. Se ele estiver tentado a desistir ou escorregar, seus comentários devem ser sempre positivos – a negatividade não ajuda em nada nesse momento, só desmotiva. Sempre elogie o resultado que ele alcançou até o momento e mencione carinhosamente quanto ainda falta para chegar ao objetivo.

O cônjuge desmotivado deve lembrar que não está sozinho nessa briga: alerte seu parceiro quando sentir que o desânimo ou a compulsão estão chegando. Se possível, saiam para uma breve caminhada ou um passeio de bicicleta juntos para desviar a atenção da comida. Mudar o foco, aliás, é uma excelente medida para evitar escapadas. Vocês podem criar uma lista de atividades para serem feitas quando um dos dois ou ambos desanimarem. O programa de casal, além de ser um projeto para a melhora da saúde e da aparência de vocês, é também um momento para reafirmar a cumplicidade e o prazer de estarem juntos.

OBSTÁCULO Nº 3: Fome e outros efeitos fisiológicos

"Vou sentir fome nessa dieta?" é uma das perguntas que mais escuto no consultório. Mas não se preocupe: dentro do programa é possível encontrar formas de driblar essa sensação desagradável, sentindo-se saciado e mantendo seu corpo nutrido.

Fome, no sentido fisiológico, é o estado no qual o organismo sente carência dos nutrientes necessários diariamente para o seu bom funcionamento. Já o apetite está mais relacionado ao desejo de comer, movido pelas sensações agradáveis geradas pelo ato de se alimentar. Saber diferenciar os dois é fundamental para qualquer pessoa que deseje perder peso, e o apoio da sua cara-metade nessa hora é essencial.

A Dieta dos Casais é pensada para proporcionar tudo aquilo de que seu corpo precisa para ser mais saudável. Mas, nos momentos mais extremos, a melhor estratégia para não sentir muita fome é investir nos alimentos que proporcionam mais saciedade.

Dentro desse quadro, o **consumo de proteína** é um excelente aliado da perda de peso saudável. Vejam algumas situações em que ele deve ser priorizado:

- 30 minutos depois de acordar: seu corpo está faminto quando você acorda, afinal, foram horas sem comida. Procure consumir proteínas no início do dia.
- 30-60 minutos após o treino: nesse período crítico, o corpo fica como uma esponja de nutrientes, e a proteína vai ajudar a reparar os músculos lesionados e preparar vocês dois para o treino do dia seguinte.
- 30 minutos antes de ir para a cama: quando dormimos, todos os sistemas trabalham para reparar o dano que fizemos ao corpo durante o dia. Consumir proteína antes de dormir dá a ele ferramentas extras para realizar esse trabalho.

Além disso, outras dicas importantes:

- Coma devagar, saboreando os alimentos. Pouse os talheres no prato entre uma garfada e outra.
- Beba água (ou chá) quando tiver vontade de comer. Muitas vezes as pessoas confundem fome com sede. Na hora do aperto, beba lentamente um copo de água antes de tomar outra atitude.
- Tenha sempre à mão comidinhas saudáveis e que não engordam, como cenouras baby e maçãs.
- Alimentos ricos em fibras também aumentam a sensação de saciedade.
- Não passe muitas horas sem comer.

OBSTÁCULO Nº 4: A vida social

A maioria das dietas provoca isolamento, mas, como vocês estão nessa juntos, esse efeito será mais ameno. Com criatividade e boa vontade, é possível manter a vida social sem sair do prumo.

Não tem jeito: na nossa sociedade, a maior parte das atividades feitas em grupo inclui comida. Almoços em família, happy hour depois do expediente, pizza em casa, receber os amigos para degustar queijos e vinhos... É quase automático: confraternizar parece ser sempre em torno de comida e bebida.

É claro que é possível propor programas alternativos, como fazer uma caminhada, ir ao teatro ou visitar uma exposição. Mas seria muito duro – na verdade, impossível – abrir mão de todos os compromissos sociais que envolvem comida. O desafio é aproveitar mais o convívio social e focar menos no que se ingere nessas ocasiões.

A seguir, algumas dicas de sobrevivência em alguns dos eventos mais desafiadores para quem está seguindo o plano alimentar.

Dicas para bares

- Não pule nenhuma refeição nesse dia, e dê preferência a ingredientes proteicos, que promovem mais saciedade.
- O ideal é conseguir comer antes de ir para o bar – uma salada com grelhado cai muito bem. Se o consumo de uma refeição ficar complicado, opte por um lanche com ingredientes leves como frutas e castanhas.

- Comece com água (com ou sem gás) e limão, ou limonada. Outra boa pedida é suco de tomate (rico em licopeno e de baixíssima caloria).
- Se for consumir bebidas alcoólicas, uma boa opção é a caipifruta (sempre sem açúcar) de frutas vermelhas, limão, kiwi ou morango. Se optar por uma taça de vinho, o tinto apresenta mais benefícios. O ideal é evitar cerveja e chope, sempre!
- Fuja das frituras e dos empanados – nada de batata frita, aipim frito, pastel, iscas de carne empanadas, etc.
- Evite molhos cremosos como rosé, tártaro e qualquer preparação à base de maionese ou creme de leite.
- Os caldinhos saciam bastante, e um bom caldinho de feijão ou de abóbora é ótimo. Apenas peça sem bacon e linguiça, e dispense as torradinhas.

- Espetinhos ou porções de legumes podem complementar: cebola, pimentão e palmito são boas indicações. Porções de cogumelos também são recomendadas. Se estiver na fase em que a proteína animal pode ser consumida, peça carne ou frango grelhado picadinho, sem molho.
- Filé aperitivo e carpaccio também são excelentes opções. O ideal é dispensar as torradas e ficar somente na proteína – e, no caso do carpaccio, deve-se maneirar no queijo parmesão. Podem ser acompanhados por salada verde.
- Se mesmo assim a vontade de comer um carboidrato for grande, antepasto de berinjela acompanhado de torrada ou focaccia ou a brusqueta tradicional (com tomate, azeite e manjericão) são boas possibilidades.

Dicas para churrascos – sem consumo de carne

- Invista nos espetinhos de legumes assados, como cebola, pimentão, palmito e champignon, com bolinhas de muzzarela de búfala derretida. Eles ficam com o sabor do churrasco e são opções muito mais saudáveis e menos calóricas que o pão de alho, por exemplo.
- Cogumelos e palmito grelhados formam uma dupla incrível para os dias vegetarianos. Eles têm um sabor especial, além de serem ricos em fibras e proteínas, respectivamente.
- Batata-doce ou inhame podem ser fatiados ao meio para pré-assar. São alimentos ideais para churrascos que acontecem no inverno ou quando o clima está frio, especialmente nos dias em que a proteína vegetal for a pedida.
- Aspargos também são escolhas interessantes para um churrasco vegetariano, mas precisam ficar de molho em água por pelo menos 30 minutos antes de ir à grelha.
- A espiga de milho é imbatível no quesito facilidade: basta colocar na grelha, virar de modo constante e servir um pouco antes de ficar preta. Quem quer emagrecer deve consumi-la no ato, sem sal ou outros incrementos.
- Tofu marinado com ervas e azeite e colocado na brasa também é uma boa opção. Bem temperado, é um substituto menos gorduroso do queijo coalho.
- Corte ao meio uma maçã e polvilhe com canela antes de levar à grelha.
- Em vez de condimentos como mostarda ou ketchup, opte por temperos naturais, como alho, cebola e ervas desidratadas.
- Para os acompanhamentos, aposte em saladas de legumes, vinagrete, quinoa cozida ou arroz integral.
- Rodelas de abacaxi ou banana polvilhadas com canela (em vez de açúcar) são interessantes para a sobremesa.

Dicas para churrascos – com consumo de carne

- Prefira carnes magras: peixe, frango, alcatra, filé-mignon, fraldinha, maminha e baby beef, que têm menos gordura e calorias. Duas porções do tamanho da mão são suficientes. Evite a picanha com muita gordura e as linguiças.
- Troque o sal grosso por sal marinho e adicione temperos. Tomilho e endro combinam com carne vermelha. Alecrim tempera melhor carne branca, em especial aves. O sabor dos temperos reduz a necessidade de sal, que pode ser usado em quantidades bem menores. Além disso, eles têm propriedades digestivas, que vão ajudar a eliminar o colesterol ruim do organismo.
- Evite escolher porções de carne que possuem uma capa preta, pois ela é resultado de uma reação causada pelo excesso de tempo que a carne ficou submetida ao calor, e, por isso, contém substâncias nocivas à saúde.
- Coma salada enquanto espera a carne assar, pois as fibras ajudam a diminuir o apetite. Mas atenção: é importante evitar os molhos e a maionese. O ideal é temperar a salada com molho à campanha (vinagrete) ou limão com ervas.
- Evite ao máximo as bebidas alcoólicas, que contêm muitas calorias e estimulam a vontade de comer petiscos. O álcool abre o apetite, e com isso fica mais fácil perder o controle da quantidade ingerida. A melhor opção é uma dose única de caipifruta.
- Beba água com limão ou chá verde em vez de bebidas como refrigerante, cerveja e caipirinha. Uma boa estratégia é beber somente um copo de suco de fruta natural ou de água com meio limão espremido e não voltar a encher o copo.
- Coma em pratos pequenos. Ver o prato cheio dá a impressão de que se está comendo mais.

Dicas para feijoada

- Dê preferência ao caldo do feijão; pegue poucos caroços.
- Mantenha a distância de linguiça, bacon, costelinha e quaisquer carnes gordas do gênero.
- Escolha um tipo de carne e sirva-se de um pedaço. A melhor opção é a carne seca, mas verifique o teor de sal.
- Se tiver arroz integral como opção, prefira. Se não, coloque apenas uma colher de arroz branco.
- Dispense a farofa!
- Couve refogada pode ser consumida à vontade, sem o bacon.
- Aquela rodelinha de laranja é uma excelente pedida para acompanhar a feijoada e dar saciedade.
- Mastigue devagar e não repita a refeição.
- Se for beber, a melhor opção é apenas uma dose de caipirinha e depois beber chá verde ou água com limão.

OBSTÁCULO Nº 5: Monotonia

Uma alimentação saudável e balanceada inclui nutrientes variados. Comer todo dia a mesma coisa faz com que seu metabolismo se acostume e deixe de reagir da maneira que você quer.

Não subestime o poder da fadiga. Para variar os alimentos, siga as receitas indicadas e procure outras na mesma linha. Com companhia tudo fica bem mais divertido. Como duas cabeças pensam melhor que uma, alternem a responsabilidade pela refeição. Cada um pode preparar uma receita em dias alternados e até mesmo surpreender o parceiro com um cardápio inédito. A imaginação da dupla é o limite.

Outras dicas para combater o tédio nas refeições

- Prove alimentos pela primeira vez. Uma boa tática é fazer compras num lugar diferente, explorando todas as possibilidades.
- Abuse dos temperos naturais. Eles são capazes de alterar bastante o sabor e não engordam.
- Seja criativo na combinação dos alimentos: coloque frutas em pratos salgados, cozinhe legumes junto do arroz para dar um colorido.

OBSTÁCULO Nº 6: Boicote e autossabotagem

Além das sabotagens que nós mesmos criamos, existem diversos fatores externos perigosíssimos para o projeto de perda de peso. Os amigos – e principalmente as amigas – acabam falando mais do que o necessário e podem despertar insegurança.

Comentários como "Você já emagreceu demais!", "Quem gosta de osso é cachorro, assim você perde o marido!" e "Você vai ficar com a pele flácida" são típicos das *muy amigas*, que muitas vezes se sentem ameaçadas com a melhora da aparência da mulher e passam a vê-la como concorrente. Não permita que isso freie o seu progresso!

Já no mundo masculino o temor clássico dos amigos é de que as próprias mulheres admirem o seu exemplo e comecem a exigir dos maridos o mesmo comportamento.

Pode parecer estranho, mas muitas mulheres ficam com medo de perder o marido quando emagrecem. A elevação da autoestima desperta mais atenção e é comum provocar o interesse do sexo oposto, mesmo que a pessoa não procure isso. Essa situação pode apresentar um dilema no momento em que se coloca a fidelidade em jogo. Cuidado: vocês estão num projeto em dupla, buscando juntos o bem-estar e uma melhor qualidade de vida. A cumplicidade é um fator fundamental, e ameaçar essa parceria pulando a cerca é uma péssima ideia. Vale reforçar a segurança do parceiro lembrando que vocês se amam há muito tempo e confiam no relacionamento, por isso precisam conquistar juntos o resultado que estão buscando, sem colocar tentações no caminho.

Vejam algumas sugestões de atividades para tirar o foco da comida e concentrar as atenções no que realmente importa: a felicidade do casal!

- Substituam a comida por livros, filmes, aplicativos e televisão. Peçam indicação aos amigos e comprem revistas interessantes para ter em casa.
- Saiam para ir a jogos, shows e outros programas que vocês dois nunca fizeram juntos por falta de tempo ou oportunidade. Tenho certeza de que vão se divertir muito.
- Boa comunicação é essencial para qualquer relacionamento. Consigam tempo para conversar. Vocês podem sair para caminhar juntos, batendo papo enquanto gastam calorias.
- Que tal um curso de massagem? Vocês podem comprar livros com técnicas, óleos e cremes especiais para a prática.

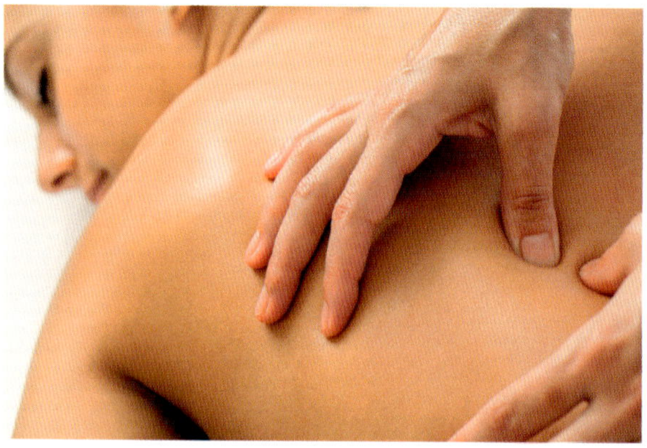

Fazer massagem um no outro relaxa e faz bem para o casal.

- Saiam para dançar! Gastem calorias se divertindo juntos.
- Aprendam algo novo juntos enquanto estão emagrecendo. Vocês podem ter aulas de pintura, cerâmica ou de uma língua estrangeira.
- Sexo é uma ótima maneira de manter longe os pensamentos sobre comida, além de ser um exercício excelente para queimar calorias. Cuidem um do outro.
- Durmam bem! Essa é a melhor forma de relaxar. Mas não passem a vida tentando recuperar o atraso do seu sono. Comecem deitando-se um pouco mais cedo todos os dias. Descansados, vocês terão mais energia, e isso se refletirá positivamente também na vida sexual.

OBSTÁCULO Nº 7: Falta de progresso ou incapacidade de percebê-lo

Você emagreceu, mas ninguém repara e isso o desmotiva.

Na dieta feita em casal, isso não é um problema, porque você já tem o seu parceiro sempre apoiando, elogiando e incentivando a conquista dos seus resultados.

Comparar o número de quilos perdidos pode ser frustrante para a mulher, por isso é importante ter em vista essas diferenças e não desanimar. Cada um deve definir metas individuais e cumpri-las, apoiando e encorajando um ao outro, sem fazer comparações.

Um dos maiores inconvenientes são as diferenças biológicas entre os sexos. As mulheres tendem a acumular mais gordura durante a idade fértil e têm menos massa muscular que os homens. Com metabolismo mais ativo, que permite um gasto calórico maior, eles perdem peso mais rapidamente (às vezes até dormindo!) e não precisam restringir tanto a sua dieta quanto elas. Pelo contrário, eles *precisam* de mais comida, mesmo durante o programa.

Além disso, parte do peso que se perde ao emagrecer é água e, como eles têm mais água corporal total, esse é mais um fator que faz com que cheguem antes ao peso ideal. Mulheres na perimenopausa são ainda mais propensas a ver oscilações por causa do acúmulo de água causado pelas flutuações hormonais.

O plano alimentar precisa refletir as diferentes necessidades nutricionais do casal. Vocês podem preparar os mesmos alimentos e comê-los juntos, mas as mulheres deverão fazer porções menores e com menos calorias. Na hora de escolher o que deve ser cortado do cardápio, tanto homens quanto mulheres sabem que gordura e açúcar devem ser eliminados. Elas tendem a driblar isso com molhos sem gordura e alimentos light, estratégia que não funciona muito bem com eles. Por serem mais práticos, os homens preferem cortar itens como manteiga, carne vermelha e frituras. Essa atitude masculina também favorece uma economia maior de calorias por parte deles.

As mulheres se adaptam com mais facilidade a um plano alimentar estruturado envolvendo contagem de calorias, redução de porções e até ao diário alimentar. São mais eficientes em anotar tudo o que comem, bem como em aumentar o consumo de frutas, verduras e legumes. Poucos homens, porém, conseguem seguir este tipo de plano mais detalhado. A objetividade deles também pesa nesse momento; eles querem saber "o que não pode" e pronto.

Comendo fora, elas não têm problema em dividir a sobremesa, comer apenas metade do pão, etc. Já os homens gostam de porções fartas; estudos mostram que, diante de situações de fartura como bufês ou restaurantes a quilo, eles podem comer até 26% a mais. No caso deles, mais do que reduzir a quantidade de comida, a dieta funciona melhor com **mais quantidade de alimentos menos calóricos**. Ou seja, dividir espaço na tigela de cereais com fruta picada e acrescentar uma porção extra de legumes no recheio da panqueca, por exemplo.

Carla & Vitor

Foi incrível descobrir a influência que a alimentação tem na nossa vida. Hoje temos muito mais consciência do que comemos, do preço a pagar pelos excessos e da importância de uma boa nutrição. Abolimos os alimentos congelados, as frituras e o excesso de glúten. Estávamos com muita vontade de mudar, e nos jogamos de cabeça nesse projeto. Descobrimos novos sabores, aumentamos nossa sintonia e só colhemos resultados positivos, no corpo e na autoestima.

O CASAL NA VIDA REAL

Carla (30 anos) e Vitor (31 anos) são um casal bem afinado. Como trabalham a maior parte do tempo em casa, realizam quase todas as refeições juntos. Mas os gostos parecidos e a rotina compartilhada contribuíram, infelizmente, para se afinarem também nos maus hábitos.

"Antes de fazer o programa nossa alimentação era péssima! Nós nos alimentávamos muito mal, consumíamos comida sem qualidade, com muita gordura, sal e açúcar. Nunca nos preocupamos muito com a ingestão dos nutrientes, com a adequação das porções, nem em como as más escolhas poderiam influenciar na nossa saúde. Assim que fomos morar juntos engordamos muito!"

Eles costumavam ficar em casa comendo bobagens como pipoca de micro-ondas, biscoitos, balas e pirulitos, e ainda exageravam na cervejinha. Não praticavam exercícios e dormiam muito tarde, porque produziam melhor à noite. Carla contou como se sentia:

"Eu vivia cansada, sem disposição, e achava que nenhuma roupa ficava boa em mim, justamente por não perceber que meu corpo tinha mudado tanto! Em pouco mais de três anos eu ganhei 15 quilos sem nem perceber!"

A Carla criou um dos mais bem conceituados blogs de moda do Brasil, o Modices. Quando a conheci, imaginei que devia ser difícil estar acima do peso e lidar com tanta gente magra.

O casal tinha queixas em relação a qualidade do sono, funcionamento do intestino, problemas respiratórios, como sinusites frequentes, coriza e espirros, e gastrite provocada pelo uso de medicamentos.

Logo na primeira consulta contaram que tinham uma vida social bem agitada, então dei várias sugestões de petiscos e aperitivos que ajudaram o casal a manter a rotina social sem prejudicar a reeducação alimentar.

Mudar os hábitos, alterar a receita todos os dias e repensar as escolhas dos restaurantes, sem dúvida tudo isso é complicado no início. Mas a vontade de experimentar novos sabores e conhecer mais temperos acaba facilitando todo o processo.

Como o Vitor tinha um paladar mais diversificado, de cara ele se empolgou com os novos sabores, e foi passando esse entusiasmo para a Carla, que disse:

"Amo suco verde e suas variantes funcionais, então foi ótimo poder recorrer a ele. Eu tinha um paladar bem infantil, e graças ao plano alimentar pude descobrir todo um universo de sabores. Passei a comer muito mais verduras e grãos, a montar pratos mais diversificados, a descobrir novos sabores e temperos."

O fato de ficarem tanto tempo juntos acabou ajudando muito no planejamento das refeições, já que faziam a maioria delas em casa e compartilhavam muitos alimentos. Acharam fácil mudar os hábitos e se jogaram nessa transformação, pois logo no início começaram a ver resultados e se sentiram mais dispostos.

Também não tiveram problemas quando precisavam passar muito tempo na rua, pois aprenderam a fazer escolhas mais saudáveis nos restaurantes self service e se dispuseram a conhecer novos lugares que ofereciam cardápios balanceados. Carla explicou:

"Até troquei a pipoca de micro-ondas sabor manteiga por pipoca na panela temperada com pimentas e ervas. No geral, aprendi que não precisava me limitar, mas somente fazer escolhas mais balanceadas e saudáveis."

O que mais impressionou na mudança deles é que agora curtem ir à feira, se preocupam em comprar alimentos orgânicos, sempre pegam receitas do nosso site ou Instagram para reproduzirem em casa (inclusive tiram fotos incríveis!) e conseguiram aliviar todos os sintomas que os afligiam. Vitor contou:

"Eu sofria com acne há anos, e um dos maiores benefícios do programa sem dúvida foi ver a melhora da minha pele. Nunca imaginei que pudesse experimentar uma mudança tão acentuada graças à reeducação alimentar."

A evolução dos dois foi muito tranquila, pois mostraram total disposição para mudar hábitos. Hoje eles reconhecem a importância de manterem uma alimentação saudável para terem uma vida com mais energia e disposição. Têm muito mais consciência do que comem e já sabem mensurar as consequências dos excessos. Eliminaram de vez os alimentos congelados, as frituras e o excesso de glúten.

Os benefícios foram tão nítidos na vida do casal que isso só aumentou a sintonia que eles já tinham.

Peso inicial Carla: 67,5kg

Peso inicial Vitor: 85kg

Resultados em 4 meses

	PESO	GORDURA	CINTURA	QUADRIL
Carla	-10,3kg	-9,8kg	-20cm	-17cm
Vitor	-9,3kg	-9,7kg*	-15cm	-12cm

* Houve mais perda de gordura do que de peso porque no processo o Vitor também ganhou massa magra.

PARTE

[3]

RECEITAS PARA OS CASAIS

TODAS AS RECEITAS SERVEM 2 PESSOAS

BEBIDAS

Águas aromatizadas

☑ FASE 1

☑ FASE 2

☑ FASE 3

Água aromatizada saborosa

4 ramos de hortelã
casca de 3 limões, em tiras
2 ramos de alecrim
5 folhas de manjericão
4 unidades de anis-estrelado
4 paus de canela
4 fatias médias de gengibre
1 litro de água

Água aromatizada de maçã com canela

2 maçãs, cortadas em fatias
3 paus de canela
1 colher de sopa de cravo
3 fatias de gengibre
1 litro de água

Água aromatizada calmante

1 xícara de abacaxi picado
casca de 1 maracujá, em tiras
1 colher de sopa de flor de camomila
sumo de 1 laranja
1 litro de água

Água aromatizada refrescante

sumo de ½ limão-siciliano
1 limão-siciliano, cortado em fatias
1 pitada de sal marinho ou rosa
1 litro de água

Água aromatizada cítrica

10 folhas de hortelã
½ pepino, cortado em rodelas
1 laranja com casca, cortada em rodelas
sumo de 1 limão
1 litro de água

Água aromatizada com manga

1 manga, cortada em fatias
sumo de 1 limão
1 pitada de sal marinho ou rosa
1 litro de água

Água aromatizada borbulhante

1 xícara de mirtilos
5 morangos
1 lima-da-pérsia com casca, cortada em fatias
1 litro de água com gás

Chás

☑ FASE 1

☑ FASE 2

☑ FASE 3

Chá de folha de amora com *Centella asiatica* e cavalinha

MODO DE FAZER: Aqueça 1 litro de água. Quando começar a borbulhar, desligue o fogo e acrescente 1 colher de sopa de cada erva. Deixe em infusão por 5 minutos e depois coe.

Chá de goji berry com hibisco e gengibre

MODO DE FAZER: Aqueça 1 litro de água. Quando começar a borbulhar, desligue o fogo e acrescente 1 colher de sopa de goji berry, 1 colher de sopa de flores secas de hibisco e 1 lasca de gengibre. Deixe em infusão por 5 minutos e depois coe.

Chá de *Citrus aurantium* com garcínia e canela

MODO DE FAZER: Aqueça 1 litro de água. Quando começar a borbulhar, desligue o fogo e acrescente 1 colher de sopa de *Citrus aurantium*, 1 colher de sopa de garcínia e 2 paus de canela pequenos. Deixe em infusão por 5 minutos e depois coe.

Chá branco com limão e hortelã

MODO DE FAZER: Aqueça 1 litro de água. Quando começar a borbulhar, desligue o fogo e acrescente 1 colher de sopa de chá branco, 1 limão com casca cortado em rodelas e ½ xícara de hortelã. Deixe em infusão por 5 minutos e depois coe.

Chá de hibisco com maçã e canela

MODO DE FAZER: Aqueça 1 litro de água. Quando começar a borbulhar, desligue o fogo e acrescente 1 colher de sopa de flores secas de hibisco, ½ maçã com casca em rodelas e 2 paus de canela pequenos. Deixe em infusão por 5 minutos e depois coe.

▲

Chá de ginseng com marapuama e laranja

MODO DE FAZER: Aqueça 1 litro de água. Quando começar a borbulhar, desligue o fogo e acrescente 1 colher de sopa de ginseng, 1 colher de sopa de marapuama e ½ laranja com casca cortada em rodelas. Deixe em infusão por 5 minutos e depois coe.

Chá de erva-cidreira com anis-estrelado e limão

MODO DE FAZER: Aqueça 1 litro de água. Quando começar a borbulhar, desligue o fogo e acrescente 1 colher de sopa de erva-cidreira, 1 colher de sopa de anis-estrelado e 1 limão com casca cortado em rodelas. Deixe em infusão por 5 minutos e depois coe.

Chá de jasmim com cravo-da-índia e alcaçuz

MODO DE FAZER: Aqueça 1 litro de água. Quando começar a borbulhar, desligue o fogo e acrescente 1 colher de sopa de jasmim, 4 unidades de cravo-da-índia e 2 raízes de alcaçuz. Deixe em infusão por 5 minutos e depois coe.

Chá verde com limão e canela

MODO DE FAZER: Aqueça 1 litro de água. Quando começar a borbulhar, desligue o fogo e acrescente 1 colher de sopa de folhas desidratadas de chá verde, 1 pau de canela e gotas de limão a gosto. Deixe em infusão por 5 minutos e depois coe.

Sucos

☑ FASE 1

☑ FASE 2

☑ FASE 3

PARA TODAS AS RECEITAS, O MESMO MODO DE FAZER: Bata todos os ingredientes no liquidificador e sirva em seguida. O ideal é não coar o suco, para não perder as fibras.

Suco verde com água de coco e pimenta

2 folhas de couve
300ml de água de coco
folhas de hortelã a gosto
pimenta-de-caiena a gosto

Suco verde com pepino, limão e maçã

1 folha de couve
1 pepino
1 maçã
sumo de 1 limão
200ml de água

Suco verde com aipo e pera

1 pepino
2 talos de aipo
1 pera
200ml de água

Suco verde com água de coco, kiwi e gengibre

2 kiwis
2 folhas de couve
200ml de água de coco
2 fatias de gengibre

Suco verde com melão e pepino

2 fatias pequenas de melão
1 pepino
2 folhas de couve
200ml de água

Suco verde com frutas vermelhas e aipo

2 talos de aipo
1 folha de couve
100g de frutas vermelhas frescas ou congeladas
200ml de água

Suco verde com maçã, limão e gengibre

1 maçã
1 folha de couve
folhas de hortelã
sumo de 1 limão
2 fatias de gengibre
200ml de água

Suco verde com pera e limão

1 pera
sumo de 1 limão
folhas de hortelã a gosto
1 folha de couve
200ml de água

Suco verde com abacaxi e gengibre

2 rodelas de abacaxi
folhas de hortelã a gosto
1 folha de couve
2 fatias de gengibre
200ml de água

Suco verde com cenoura e maçã

1 folha de couve
1 cenoura
1 maçã pequena
200ml de água

Suco verde com água de coco e aipo

300ml de água de coco
2 folhas de couve
2 talos de aipo
folhas de hortelã a gosto

Suco refrescante de kiwi e abacaxi

1 kiwi
1 rodela grossa de abacaxi
3 folhas de hortelã
1 colher de chá de salsinha
200ml de água

Suco de morango, melão, linhaça e água de coco

1 fatia de melão
7 morangos
1 colher de sobremesa de linhaça
200ml de água de coco

Leites vegetais

- [x] FASE 1
- [x] FASE 2
- [x] FASE 3

Leite de coco

polpa de 1 coco em pedaços pequenos
600ml de água quente

MODO DE FAZER: Bata no liquidificador e coe em peneira fina.

Leite de aveia

1 xícara de aveia em flocos
2 xícaras de água

MODO DE FAZER: Bata no liquidificador e coe em peneira fina.

Leite de castanha

1 xícara de castanhas (castanha-de-caju, castanha-do-pará, amêndoas, avelãs e/ou nozes)
600ml de água

MODO DE FAZER: Deixe as castanhas de molho em água por várias horas ou de um dia para o outro. Descarte a água do molho e bata as castanhas hidratadas com 600ml de água no liquidificador e coe em peneira fina.

Leite de quinoa

1 xícara de quinoa
600ml de água

MODO DE FAZER: Cozinhe a quinoa em 2 xícaras de água. Após esfriar, bata a quinoa cozida com 600ml de água e coe em peneira fina.

Leite de inhame

1 inhame grande cozido, descascado
2 xícaras de água

MODO DE FAZER: Bata no liquidificador e coe em peneira fina.

Shakes

☑ FASE 1

☑ FASE 2

☑ FASE 3

PARA TODAS AS RECEITAS, O MESMO MODO DE FAZER: Bata tudo no liquidificador.

Shake de banana com morango

2 bananas-prata
10 morangos congelados
2 xícaras de leite vegetal
1 colher de sopa de flocos de quinoa
1 colher de sopa de linhaça dourada
6 cubos de gelo

Shake de romã

2 xícaras de sumo de romã sem açúcar
2 maçãs sem casca
1 xícara de leite vegetal
2 colheres de sopa de semente de chia
1 colher de sobremesa de guaraná em pó
6 cubos de gelo

Shake de pera

2 peras
2 xícaras de leite vegetal
2 colheres de sopa de semente de linhaça dourada
2 unidades de castanha-do-pará
6 cubos de gelo

Shake de maracujá com coco

1 maracujá
2 xícaras de leite vegetal
1 colher de sopa de óleo de coco
2 colheres de sopa de semente de chia
6 cubos de gelo

Shake verde de maçã com abacaxi

3 folhas de couve
1 punhado de agrião
2 maçãs
2 xícaras de leite vegetal
2 fatias de abacaxi
1 lasca média de gengibre
1 colher de sopa de semente de chia
200ml de água filtrada

Shake de abacaxi com coco

3 fatias de abacaxi
2 xícaras de leite vegetal
1 colher de sopa de óleo de coco
2 colheres de sopa de semente de chia
6 cubos de gelo

PRATOS PRINCIPAIS

Proteína vegetal

- [x] FASE 1
- [x] FASE 2
- [x] FASE 3

Bolinho de grão-de-bico

1 xícara de grão-de-bico cozido (ou a mesma medida de lentilha cozida)
1 colher de sopa de farinha de linhaça dourada
150ml de água
½ cebola
1 dente de alho
2 colheres de sopa de farinha de quinoa
farinha de mandioca para empanar
cheiro-verde a gosto
sal marinho a gosto
1 pitada de cominho
2 colheres de sopa de azeite de oliva

MODO DE FAZER: Em um recipiente, coloque a farinha de linhaça, adicione 150ml de água e deixe descansar por uma hora, até formar um gel. Bata em um processador o grão-de-bico (ou a lentilha), a cebola e o alho. Se necessário adicione um pouco de água, mas não pode ficar muito ralo. Transfira para outro recipiente, adicione os temperos, a farinha de quinoa e o gel de linhaça, e misture bem. Faça bolinhas, passe na farinha de mandioca e leve para assar por 20 minutos em forno preaquecido a 200°C.

Salada de quinoa com brócolis

½ xícara de quinoa em grãos
½ maço de brócolis
½ xícara de ervilha fresca cozida
2 colheres de sopa de alho-poró
4 azeitonas verdes, picadas
2 colheres de sopa de amêndoas
azeite a gosto
sálvia e orégano a gosto

MODO DE FAZER: Coloque a quinoa e 2 xícaras de água numa panela e cozinhe. Escorra e, se preferir, transfira para uma tigela e deixe esfriar. Pique o brócolis em flores bem pequenas e adicione água fervente, deixando cozinhar por 15 minutos. Escorra e resfrie. Misture todos ingredientes e tempere a gosto.

Quinoa com alho e cogumelo shimeji

2 xícaras de quinoa em grãos
5 xícaras de água
1 xícara de alho-poró, picado
4 dentes de alho
2 xícaras de cogumelo shimeji
azeite
sal a gosto

MODO DE FAZER: Doure o alho em um fio de azeite. Acrescente o alho-poró e a quinoa. Dê uma leve refogada e adicione a água, deixando cozinhar com a panela tampada e em fogo baixo por aproximadamente 10 minutos ou até que a quinoa atinja a consistência desejada (igual à do arroz). Enquanto isso, unte uma fôrma com azeite, coloque os cogumelos, cubra com papel-manteiga e leve ao forno preaquecido a 150°C por 10 minutos. Misture os cogumelos com a quinoa cozida e sirva.

Tabule de quinoa

½ xícara de quinoa em grãos
1 xícara de água
1 tomate médio, cortado em cubinhos
1 pepino japonês, cortado em cubinhos
1 cebola média, picada
1 dente de alho grande, picado
1 colher de sopa de salsinha, picada
2 colheres de sopa de hortelã
sumo de ½ limão
2 colheres de sopa de azeite
1 colher de chá de sal marinho

MODO DE FAZER: Coloque a quinoa e 1 xícara de água numa panela e cozinhe. Transfira para uma tigela e deixe esfriar. Acrescente todos os demais ingredientes e misture bem. Deixe na geladeira por 1 hora, antes de servir.

Salada de lentilha

500g de lentilha
1 cebola grande, picada
1 dente de alho, amassado
1 maço de cheiro-verde, picado
azeite e vinagre a gosto
sal e pimenta-do-reino a gosto
folhas de hortelã a gosto

MODO DE FAZER: Em uma panela, junte a lentilha, a cebola, o alho e o cheiro-verde. Tempere com sal e pimenta-do-reino. Acrescente água até ficar quatro dedos acima dos grãos. Cozinhe até as lentilhas ficarem macias. Retire do fogo e escorra. Coloque a lentilha em uma saladeira, tempere com o azeite e o vinagre e deixe na geladeira por quatro horas para apurar o gosto. Momentos antes de servir, acrescente hortelã.

▼

Salada de ervilha com cenoura

2 cenouras grandes, picadas
1 xícara de ervilhas frescas
1 cebola grande, picada
folhas de hortelã, picadas, a gosto
sal e pimenta-do-reino a gosto
sumo de limão a gosto
coentro e salsa para enfeitar

MODO DE FAZER: Cozinhe a cenoura e a ervilha com um pouco de água em fogo médio/baixo por cerca de 5 minutos ou até que estejam cozidas porém firmes. Deixe esfriar. Adicione a cebola, a hortelã, o sal, a pimenta-do-reino e o sumo de limão. Misture bem. Enfeite com o coentro e a salsa picados. Sirva gelada.

Torta de quinoa com grão-de-bico

2 xícaras de água filtrada
½ xícara de quinoa em grãos
1 xícara de grão-de-bico cozido
1 cebola, picada
1 dente de alho
350g de palmito fresco (ou 1 vidro de palmito em conserva)
1 tomate, picado
1 punhado de salsinha, picada
1 colher de sopa de azeite
1 pitada de noz-moscada
sal marinho e pimenta-do-reino a gosto

MODO DE FAZER: Em uma panela pequena, leve ao fogo médio a quinoa e a água filtrada. Deixe cozinhar por 25 minutos, com a panela parcialmente tampada, até que a água seque. Coloque a quinoa em uma tigela e deixe esfriar. Bata num processador o grão-de-bico cozido até formar uma pasta e misture com a quinoa cozida, temperando com sal, azeite, noz-moscada e pimenta-do-reino. Reserve. Refogue a cebola, o alho, o palmito, o tomate e, por último, acrescente a salsinha. Coloque parte da massa em um refratário pequeno, adicione o recheio e cubra com a outra parte da massa. Asse por 15 minutos em forno preaquecido a 200°C.

Salada de feijão-fradinho e pimentão

125g de feijão-fradinho cozido (sem amolecer muito)
½ pimentão vermelho, picado
½ pimentão verde, picado
2 tomates, picados
¼ de cebola, picada
¼ de xícara de salsinha, picada

MODO DE FAZER: Misture todos os ingredientes e sirva.

Salada de feijão-fradinho com cebola roxa e molho de mostarda

200g de feijão-fradinho cozido
¼ de cebola roxa, cortada em fatias finas
¼ de pimentão vermelho sem sementes, cortado em fatias finas
¼ de pimentão amarelo sem sementes, cortado em fatias finas

MOLHO
1 colher de sopa de coentro fresco, picado
½ colher de chá de mostarda Dijon
½ colher de sopa de vinagre de maçã
¼ de colher de sopa de azeite

MODO DE FAZER: Misture o feijão cozido, a cebola e os pimentões. Coloque os ingredientes do molho em um pote, tampe e agite bem. Jogue o molho sobre o feijão. Misture bem, cubra e leve à geladeira. Sirva em seguida ou, se preferir acentuar o sabor, deixe marinar por 2 a 3 horas antes de servir.

▲

Arroz integral com cenoura e tofu

PARA PREPARAR O ARROZ:

1 xícara de arroz integral
2 ½ xícaras de água
½ xícara de cebola, picada
2 dentes de alho, amassados
1 colher de sobremesa de azeite de oliva ou óleo de girassol
sal rosa a gosto

MODO DE FAZER: Coloque o arroz em um escorredor e lave-o sob água corrente. Refogue o alho e a cebola no azeite, coloque o arroz e por último a água e o sal. Leve ao fogo e espere ferver. Deixe cozinhar por 40 minutos.

PARA PREPARAR O RESTANTE:

2 xícaras de tofu firme (de preferência orgânico), cortado em cubos
1 cenoura grande, ralada
1 colher de sopa de azeite
1 colher de sopa de gergelim preto
½ xícara de cebolinha, picada
sal marinho a gosto

MODO DE FAZER: Coloque o azeite em uma panela e refogue o tofu, mexendo por 2 minutos. Adicione a cenoura e misture até reduzir. Acrescente o arroz cozido e mexa por mais 2 minutos. Adicione o sal, o gergelim e a cebolinha. Misture tudo muito bem e sirva.

Arroz negro com palmito

PARA PREPARAR O ARROZ:

1 xícara de arroz
3 xícaras de água
2 dentes de alho, amassados
¼ de cebola, picada
1 colher de chá de óleo de coco
sal rosa a gosto

MODO DE FAZER: Refogue o alho e a cebola no óleo de coco. Adicione o arroz e em seguida a água e o sal. Espere cozinhar por 40 a 50 minutos.

PARA PREPARAR O RESTANTE:

½ de xícara de arroz negro cozido
2 xícaras de palmito fresco, picado
1 cebola, picada
1 dente de alho, amassado
1 colher de chá de óleo de coco

MODO DE FAZER: Refogue o alho e a cebola no óleo de coco. Adicione o arroz cozido e o palmito, misture e sirva.

Risoto integral de aspargos

2 ½ xícaras de arroz integral
10 talos de aspargos verdes frescos, picados
1 colher de sobremesa de alho, amassado
2 colheres de sopa de azeite
1 colher de sopa de creme de leite de arroz
amêndoas, castanha-do-pará ou nozes picadas a gosto
sal marinho a gosto
noz-moscada a gosto

MODO DE FAZER: Em uma panela, coloque o azeite e refogue o alho. Acrescente o arroz integral e refogue mais um pouco. Adicione água quente aos poucos e mexa, deixando cozinhar. No meio do cozimento acrescente os aspargos, vá adicionando mais água aos poucos e continue mexendo até que o arroz fique bem macio. Acrescente sal, noz-moscada e o creme de leite de arroz. Misture e finalize com mais azeite a gosto e as nozes picadas.

Proteína animal

☑ FASE 2

☑ FASE 3

Espetinho caprese

16 tomates-cereja
16 bolinhas pequenas de mozarela de búfala
8 folhas de manjericão
1 xícara de azeite
2 dentes de alho, picados
2 xícaras de folhas de rúcula sem as hastes
5 castanhas-do-pará, picadas
sal e pimenta a gosto

MODO DE FAZER: Para fazer o pesto, bata todos os ingredientes no liquidificador, exceto os tomates cereja, a mozarela e as folhas de manjericão. Reserve. Prepare os espetinhos: intercale o tomate-cereja e a bolinha de queijo com as folhas de manjericão. Sirva com o pesto.

▲

Omelete de claras

6 claras
2 colheres de chá de quinoa em flocos
1 colher de café de fermento em pó
2 colheres de chá de azeite
sal marinho ou rosa e pimenta-do-reino a gosto

MODO DE FAZER: Misture as claras com a quinoa em flocos e o fermento, acrescente uma pitada de sal. Divida em 2 partes para fazer 2 omeletes iguais. Coloque o azeite na frigideira antiaderente e depois jogue a mistura, dourando em ambos os lados. Feche em uma meia-lua e sirva em um prato com mais um fio de azeite e pimenta-do-reino, se desejar.

Ovos mexidos ao açafrão

4 ovos inteiros
1 colher de chá de açafrão-da-terra
2 colheres de chá de azeite
sal marinho ou rosa, pimenta-do-reino e páprica a gosto

MODO DE FAZER: Em uma frigideira antiaderente, prepare os ovos mexidos, adicionando o azeite, os ovos, o açafrão e sal a gosto. Quando os ovos estiverem do jeito que você gosta, divida-os em 2 porções, salpique páprica e pimenta-do-reino se desejar.

Omelete com funghi secchi

4 ovos
1 xícara de funghi secchi
½ cebola, picadinha
2 colheres de chá de azeite
sal marinho ou rosa e pimenta-do-reino a gosto

MODO DE FAZER: Hidrate o funghi secchi em água quente por meia hora. Pique em fatias bem finas. Bata os ovos e tempere com sal marinho e pimenta-do-reino. Divida em 2 partes para fazer 2 omeletes iguais. Em uma frigideira antiaderente, coloque o azeite, a cebola e depois os ovos batidos. Quando começar a coagular, acrescente o funghi e mais um pouquinho de tempero se desejar. Pode fechar em meia-lua.

DICA: Servir este prato com salada verde como acompanhamento deixa-o ainda mais nutritivo.

Espetinho de camarão e abacaxi

1kg de camarão médio, limpo e com cauda
3 xícaras de abacaxi, cortado em triângulos
1 colher de sopa de azeite
2 colheres de sopa de sumo de limão
2 dentes de alho, amassados
⅓ de xícara de salsa, bem picada
1 pimentão vermelho grande, cortado em cubos de 3cm
½ colher de sopa de sal

MODO DE FAZER: Numa tigela, tempere o camarão com o sal, o azeite, o sumo de limão e o alho. Reserve por 15 minutos. Passe o camarão pela salsa para cobri-lo bem. Aqueça a grelha. Monte os espetos, intercalando o camarão com o abacaxi e o pimentão. Grelhe por 15 minutos, virando de vez em quando, ou até o camarão ficar macio. Sirva os espetos ainda quentes.

Camarões condimentados

600g de camarões grandes limpos
½ colher de sopa de estragão seco
½ colher de sopa de gengibre, ralado
½ colher de sopa de páprica picante
1 colher de sopa de azeite
1 pitada de pimenta-de-caiena
1 colher de chá de sal marinho ou rosa

MOLHO:
1 xícara de biomassa de banana verde
½ xícara de água
2 gemas cozidas
3 colheres de sopa de azeite
sumo de 1 limão
1 xícara de coentro picado
sal marinho ou rosa e pimenta-do-reino a gosto

MODO DE FAZER: Tempere os camarões com o estragão, o sal, o gengibre, a páprica e a pimenta-de-caiena. Deixe descansar por 30 minutos. Aqueça o azeite em uma frigideira ou grelha e junte os camarões. Grelhe até dourar dos dois lados. Reserve.

Em uma panela, amoleça a biomassa com a água, até dissolver e ficar pastosa. Se necessário, acrescente mais água. Bata no liquidificador a biomassa com as gemas cozidas, o azeite e o sumo de limão até obter uma mistura homogênea. Tempere com sal e pimenta, adicione o coentro picado e sirva com os camarões.

Carpaccio de salmão incrementado

2 colheres de sopa de folhas variadas
1 cenoura, ralada
4 talos de cebolinha, picada
2 bandejas de carpaccio de salmão
2 colheres de sopa de amêndoas, picadas
2 colheres de sopa de azeite
molho de mostarda a gosto
sal marinho a gosto

MODO DE FAZER: Divida as folhas entre dois pratos. Por cima salpique a cenoura ralada. Acrescente o carpaccio de salmão cobrindo as folhas e depois salpique as amêndoas e a cebolinha. Faça um molho com o sal marinho, o azeite e a mostarda e jogue por cima.

Berinjela recheada com atum light

1 tomate sem pele e sem sementes, picado
100g de ricota fresca, amassada
6 azeitonas verdes, picadinhas
1 vidro de atum conservado em água
2 berinjelas
salsa a gosto
sal e pimenta-do-reino a gosto

MODO DE FAZER: Corte as berinjelas ao comprido. Escave-as com uma faca bem afiada, de modo que fiquem parecendo barquinhos. Polvilhe sal, arrume em um refratário, borrife água e cubra com filme plástico. Leve ao micro-ondas em potência alta por 5 minutos ou até que estejam macias. Pique a polpa que restou da escavação e refogue em uma panela com o tomate e tempero a gosto. Junte o atum e as azeitonas. Recheie os barquinhos com este refogado. Misture a salsa à ricota e distribua sobre as berinjelas. Leve ao forno para derreter e gratinar a ricota.

DICA: Se não encontrar atum em vidro, substituir por atum enlatado.

Moqueca rápida

400g de posta de peixe (badejo, congro, cherne ou robalo)
sumo de 1 limão
2 colheres de sopa de azeite de oliva
1 colher de sopa de azeite de dendê
1 cebola, cortada em rodelas
2 dentes de alho, amassados
2 tomates, cortados em rodelas
½ pimentão amarelo, cortado em fatias finas
100ml de leite de coco caseiro (ver receita na p. 168) ou ½ garrafinha de leite de coco
1 colher de chá de açafrão-da-terra
1 xícara de chá de cebolinha, picada
coentro (opcional)
sal marinho e pimenta-do-reino a gosto

MODO DE FAZER: Tempere o peixe com sal, pimenta-do-reino, 1 colher de sopa de azeite de oliva e sumo de limão. Deixe descansar por 15 minutos. Em uma panela, acrescente o restante do azeite e o alho, refogue rapidamente e desligue o fogo. Comece a intercalar em camadas: as rodelas de cebola, fatias de pimentão, postas de peixe e, depois, os tomates. Complete com o leite de coco, o açafrão-da-terra e o azeite de dendê, e mais 1 pitada de sal e o coentro, se for de seu gosto. Tampe e deixe cozinhar por 20 minutos. Finalize com a cebolinha e abafe em fogo baixo por mais 3 minutos antes de servir.

Frango ao curry com abacaxi

2 filés de peito de frango (250g)
1 cebola grande, picada
1 xícara de chá de abacaxi, cortado em pedaços pequenos (não utilizar o miolo)
1 colher de chá de gengibre, ralado
2 colheres de sopa de iogurte desnatado sem açúcar
1 colher de sopa de curry em pó
2 colheres de sopa de azeite
sal marinho ou rosa a gosto

MODO DE FAZER: Tempere o peito de frango com sal e gengibre. Em outro recipiente, misture o iogurte e o curry e reserve. Refogue a cebola no azeite até ficar ligeiramente dourada. Acrescente o frango e mexa até cozinhar. Junte o abacaxi, deixe liberar um pouco de água e, em seguida, adicione o iogurte com curry. Mexa levemente deixando cozinhar por 10 minutos.

Frango xadrez

200g de peito de frango
1 cebola
½ pimentão
1 cenoura pequena, cortada em rodelas
¼ de maço de brócolis pequeno
½ abobrinha italiana
1 xícara de broto de feijão
2 folhas de acelga
2 colheres de sobremesa de molho shoyu sem glutamato monossódico
4 colheres de sopa de água
1 colher de chá de gengibre ralado
1 colher de chá de biomassa de banana verde
azeite

MODO DE FAZER: Corte todos os legumes (menos a cenoura) em pedaços pequenos e o filé de frango em cubos. Cozinhe a cenoura, a abobrinha e o brócolis no vapor rapidamente. Grelhe os cubos de frango em um fio de azeite junto com o gengibre. Quando estiverem macios, e não totalmente cozidos, junte os legumes, o broto e acelga. Dilua o shoyu em 4 colheres de sopa de água e 1 colher de chá de biomassa. Faça uma misturinha e incorpore ao restante dos ingredientes. Misture tudo delicadamente, deixe os legumes atingirem o ponto de cozimento certo e acerte o sal, se necessário.

Croquete assado de frango

400g de peito de frango (moído ou processado, já cozido e temperado a gosto)
4 fatias de pão sem glúten, esfareladas
2 claras de ovo
1 colher de sopa de hortelã, picadinha
2 colheres de sopa de suco de maçã
1 colher de sopa de shoyu sem glutamato monossódico
1 colher de chá de páprica doce

MODO DE FAZER: Misture 1 clara de ovo, a páprica e o shoyu. Reserve.

Forme uma massa com 1 clara de ovo e os demais ingredientes e faça bolinhos. Coloque em uma assadeira forrada com papel-manteiga e pincele com a mistura de shoyu. Leve para assar em forno preaquecido a 180°C por aproximadamente 30 minutos.

Espetinhos de frango ao molho de tofu

4 peitos de frango médios
5 fatias médias de tofu firme, de preferência orgânico
6 cebolas pequenas
6 tomates cereja
½ abobrinha
6 champignons médios
2 colheres de chá de curry
2 colheres de sopa de água
1 colher de chá de orégano
sal marinho ou rosa a gosto

MODO DE FAZER: Corte o peito de frango e a abobrinha em cubos médios. Tempere com pouco sal e orégano. Monte os espetinhos alternando os legumes e o frango, e reserve.

MOLHO: Bata o tofu, o curry, o sal e a água no liquidificador, até formar um creme. Besunte os espetinhos no molho. Leve ao forno para assar e sirva.

DICA: Este molho pode ser usado sem aquecer para ser servido com salada.

Filé ao molho de mel com mostarda

2 bifes médios (120g) de filé-mignon
¼ de cebola, ralada
1 dente de alho, picado
1 colher de chá de tomilho
2 colheres de chá de mel
2 colheres de sopa de molho de mostarda
2 colheres de sopa de biomassa de banana verde
1 colher de café rasa de páprica picante
azeite
sal a gosto

MODO DE FAZER: Tempere os bifes com a cebola, o alho e o sal, e reserve. Faça um creme homogêneo com a mostarda, o mel, a biomassa e a páprica. Grelhe os filés com um fio de azeite. Junte o creme aos filés e deixe no fogo por 2 minutos, e em seguida salpique o tomilho.

Carne com cogumelos

150g de lagarto
100g de carne moída magra
100g de champignons (cogumelos-de-paris)
½ cebola
10 azeitonas pretas
1 colher de sopa de azeite
2 colheres de sopa de extrato de tomate
sal rosa e pimenta a gosto

MODO DE FAZER: Pique o lagarto, os cogumelos e a cebola em cubos pequenos. Retire o caroço das azeitonas e pique-as. Em uma panela, aqueça o azeite e adicione as carnes (lagarto e carne moída). Quando estiverem cozidas, junte a cebola, os cogumelos e as azeitonas, e refogue. Quando a panela estiver seca, junte o extrato de tomate e deixe cozinhar. Tempere com sal rosa e pimenta, e sirva.

Filé ao molho de rúcula

2 bifes médios (120g) de filé-mignon
1 punhado de rúcula
2 colheres de sopa de azeite
½ colher de sopa de pinoli ou nozes
sal marinho ou rosa e pimenta-do-reino a gosto

MODO DE FAZER: Para preparar o molho, bata no processador a rúcula, o azeite, o pinoli e o sal, até formar uma pasta, e reserve. Em uma frigideira, grelhe os filés temperados com sal e pimenta-do-reino. Disponha os filés em um prato e por cima coloque o molho de rúcula.

Escalope com cebola caramelizada

2 bifes médios (120g) de filé-mignon
2 cebolas, cortadas em pedaços médios
1 ramo de alecrim
1 colher de sobremesa de azeite
4 colheres de sopa de vinagre balsâmico
1 copo de água
sal marinho ou rosa e pimenta-do-reino a gosto

▲

MODO DE FAZER: Em uma panela pequena, coloque o azeite, o alecrim e as cebolas, e refogue por 5 minutos em fogo baixo. Acrescente o vinagre e a água e deixe reduzir por 10 minutos, até que a cebola fique adocicada. Retire o ramo de alecrim e descarte. Em uma frigideira, grelhe os filés temperados com sal e pimenta. Disponha-os em um prato e por cima coloque a cebola.

Maminha ao forno com mostarda

300g de maminha
3 dentes de alho, bem picados
1 colher de sopa de óleo de coco
1 colher de sopa de vinagre balsâmico
1 colher de sopa de alecrim fresco, picado
½ colher de chá de pimenta-calabresa, em flocos
½ colher de café de pimenta-do-reino
1 colher de sobremesa de mostarda Dijon
1 colher de sobremesa de sal grosso do Himalaia
1 pitada de noz-moscada

MODO DE FAZER: Em uma assadeira, tempere a peça de maminha com o alho, o óleo de coco derretido, o vinagre, o alecrim, as pimentas, a mostarda, a noz-moscada e o sal. Cubra com papel-manteiga, leve para a geladeira e deixe marinar por pelo menos 30 minutos. Leve ao forno médio por 30 minutos, retire o papel, jogue o líquido que estiver na assadeira por cima da peça de carne e deixe no forno por mais 20 minutos para a carne dourar.

Rosbife e legumes grelhados

250g de filé-mignon, cortado em pedaços
1 berinjela pequena
1 abobrinha pequena
1 cenoura pequena
1 cebola pequena
2 dentes de alho
1 colher de café de gengibre
2 colheres de chá de azeite
¼ de xícara de shoyu sem glutamato monossódico
1 colher de sobremesa de sumo de limão
3 colheres de sopa de cebolinha, picada
sal rosa a gosto

MODO DE FAZER: Aqueça a frigideira, coloque 1 colher de azeite e sele os pedaços de filé-mignon. Reserve. Na mesma frigideira, refogue a cebola e adicione o shoyu, o alho e o gengibre, e leve ao fogo até ferver. Reserve o molho. Corte os legumes em rodelas e grelhe em 1 colher de chá de azeite. Salpique sal rosa. Acrescente o sumo de limão e a cebolinha. Nesta panela, adicione os filés já selados e os legumes já grelhados. Mexa um pouco até que os ingredientes se misturem.

Quibe assado com amaranto recheado de vegetais

RECHEIO:
2 cenouras médias, raladas
250g de espinafre, picados com talo e tudo
1 dente de alho, picado
1 colher de sobremesa de azeite
sal marinho ou rosa e pimenta-do-reino a gosto

MASSA:
1kg de carne magra (patinho), moída e cozida
1 xícara de chá de quinoa em grãos
2 xicaras de chá de água
½ xícara de amaranto em flocos
2 dentes de alho, picados
1 cebola grande, ralada
2 colheres de sopa de salsa, picada
¼ de xícara de chá de hortelã, picada
2 colheres de sopa de zaatar (tempero misto árabe)
sal marinho ou rosa, pimenta-do-reino e cominho a gosto
azeite para regar

MODO DE FAZER: Para preparar o recheio, refogue o alho com um fio de azeite até dourar levemente. Acrescente o espinafre picado e refogue até murchar um pouco. Acrescente a cenoura ralada e tempere com sal e pimenta. Refogue por 3 minutos e desligue. Reserve.

Cozinhe 1 xícara de quinoa com 2 xícaras de água até que a água seque. Reserve para esfriar. Em uma tigela, coloque a quinoa já fria e os demais ingredientes da massa. Misture bem, prove e ajuste o tempero, se necessário. Em uma fôrma untada com azeite, distribua metade deste preparado de carne. Em seguida, espalhe o recheio por toda a superfície. Cubra com o restante do preparado de carne. Alise a superfície e regue com bastante azeite. Leve ao forno para assar por aproximadamente 30 minutos. Corte ainda na assadeira e sirva.

DICA: Depois de pronto, o quibe pode ser congelado já nas porções adequadas (1 colher de servir para mulheres e 2 colheres de servir para homens) para ser consumido mais tarde.

Carboidratos funcionais

☑ FASE 2

☑ FASE 3

Podem substituir o pão, a tapioca ou a torrada no café da manhã ou no lanche para quem pratica exercícios.

Pão de queijo sem queijo

1 ovo médio
2 colheres de sopa de farinha de milho flocada
2 xícaras de polvilho azedo
1 xícara de água
½ xícara de azeite
1 colher de sopa rasa de sal marinho ou rosa

MODO DE FAZER: Coloque no liquidificador o ovo, o sal, a água, o azeite e a farinha de milho, e bata por uns 2 minutos, para a farinha quebrar bem. Na sequência, acrescente o polvilho azedo e bata até incorporar bem a massa. Em seguida despeje-a em forminhas de empada untadas com óleo, enchendo até a metade. Asse em forno bem quente. Rende em média 25 a 30 pães.

PORÇÃO RECOMENDADA: 3 a 4 unidades.

Pão de queijo funcional

500g de mandioquinha, amassada
500g de polvilho azedo
2 colheres de chá de sal
3 colheres de sopa de chia
150ml de azeite

MODO DE FAZER: Misture o polvilho com o azeite, o sal e a chia, até formar uma farofa. Adicione a mandioquinha e amasse bem. Adicione água aos poucos até a massa ficar gostosa de trabalhar e desgrudar das mãos. Faça bolinhas e coloque em uma assadeira untada, preaquecida a 180°C, por aproximadamente 15 minutos, até que fiquem douradas. Rende cerca de 25 pães.

PORÇÃO RECOMENDADA: 3 a 4 unidades.

Pipoca de micro-ondas sem óleo

5 colheres de sopa de milho para pipoca
5 colheres de sopa de água
1 pitada de sal

MODO DE FAZER: Em um recipiente de vidro alto que possa ir ao micro-ondas, coloque o milho para pipoca, a água e o sal. Misture bem, tampe com filme plástico e faça 4 furinhos nele para sair o vapor (use a ponta de uma faca ou tesoura para isso). Leve ao micro-ondas em potência máxima por 4 a 6 minutos. Rende de 4 a 5 porções.

PORÇÃO RECOMENDADA: 1 porção.

Lanches funcionais
para o fim de semana

☑ FASE 2

☑ FASE 3

Podem substituir o prato principal do jantar.

Salgado da saciedade

1 litro de água temperada (limão, sal, louro, orégano)
1kg de peito de frango inteiro ou em filés
½ inhame grande ou 1 pequeno, descascado, picado e cozido
1 xícara de biomassa de banana verde
2 colheres de sopa cheias de farinha de quinoa, farelo de aveia, amaranto em flocos ou farinha de linhaça dourada
temperos à vontade, como gersal, mostarda em pó ou *lemon pepper*
1 gema para pincelar
Opções de recheio: palmito, tomate seco, frango ou cottage.

MODO DE FAZER: Cozinhe o frango na água temperada com limão, sal, louro e orégano. Bata uma parte do peito de frango cozido, cortado em pedaços grandes, em um processador ou no liquidificador, até virar uma pasta. Adicione aos poucos o inhame cozido e a biomassa. Deve adquirir uma consistência de pasta – caso ache necessário, acrescente um pouquinho da água do cozimento. Adicione o psílio e os temperos, e misture com as mãos. Prove a massa e vá temperando até achar que o sabor está bom. Molde os salgados em forma de croquete ou bolinhas. Para não grudar nas mãos, passe um pouquinho de óleo nas mãos, ou molhe com água. Depois de enrolados, pincele com a gema. Leve ao forno alto para dourar. Rende 17 unidades.

OBSERVAÇÃO: Caso queira congelar os bolinhos, coloque-os lado a lado em um pote ou uma bandeja e leve ao freezer. Assim que estiverem congelados, retire-os e guarde-os em um saco plástico. Depois é só levar em forno médio. Para verificar se está pronto, espete uma faca no meio do bolinho para ver se está quente.

Batata assada rápida

1 batata-inglesa grande
Opções de recheio: atum conservado em água; frango desfiado; pasta de cenoura; carne moída; salmão desfiado; mozarela de búfala; cream cheese; antepasto de berinjela.

MODO DE FAZER: Lave e enxague bem a batata. Com um garfo, perfure toda a batata e enrole-a em papel-toalha. Cozinhe no micro-ondas em potência alta por 4 a 6 minutos, ou até ficar no ponto. Em seguida, corte-a ao meio no sentido do comprimento. Escolha o seu recheio e passe na batata com uma colher. Gratine em forno quente novamente. Coma com salada verde.

Barquinhas de endívia com camarão

2 colheres de chá de azeite
1 cebola pequena, picada
150g de camarão médio limpo, picado
1 colher de sobremesa de páprica doce
2 colheres de sopa de água
1 colher de café de sal marinho ou rosa
4 colheres de sopa de requeijão de búfala
½ colher de café de curry em pó
4 colheres de sopa de manga, picada
12 folhas de endívia médias
folhas de hortelã para decorar

MODO DE FAZER: Em uma panela, aqueça o azeite e refogue a cebola até murchar. Junte o camarão e mexa. Acrescente a páprica doce e a água. Tempere com sal e cozinhe por cinco minutos. Adicione o requeijão de búfala e o curry, e misture bem. Junte a manga e distribua entre as folhas de endívia. Leve à geladeira por 10 minutos, decore com folhas de hortelã e sirva.

Biscoitos com salmão defumado

8 biscoitos salgados sem glúten
8 alcachofras pequenas em conserva
8 filetes de salmão defumado
8 ramos de endro (dill)

PASTA
1 xícara de biomassa de banana verde
½ xícara de água
2 gemas cozidas
2 colheres de sopa de azeite
1 colher de chá de mostarda
sumo de ½ limão-siciliano
2 colheres de sopa cheias de endro picado
sal marinho ou rosa e pimenta-do-reino a gosto

MODO DE FAZER: Em uma panela, amoleça a biomassa com ½ xícara de água, até dissolver e ficar pastosa. Se necessário, acrescentar mais água. Bata a biomassa com as gemas cozidas, o azeite, a mostarda e o sumo de limão até obter uma mistura homogênea. Tempere com sal e pimenta. Acrescente o endro picado e reserve.

Coloque os biscoitos em uma bandeja e espalhe sobre eles a pastinha de biomassa. Escorra bem as alcachofrinhas, parta-as ao meio e distribua sobre a pastinha. Ao lado, coloque um filetinho de salmão e decore cada canapé com um raminho de endro.

▲

Coxinha fit

MASSA:
100g de aipim ou de batata-doce, cozidos
100g de frango cozido desfiado
80g (8 colheres de sopa rasas) de farinha de aveia sem glúten
1 ovo
farinha de rosca sem glúten para empanar

RECHEIO:
100g de frango cozido desfiado
½ xícara de molho de tomate natural
⅓ de cebola picada
1 dente de alho amassado
1 colher de sopa de azeite
pimenta e sal rosa a gosto

MODO DE FAZER: Para fazer a massa, bata no liquidificador o aipim (ou a batata-doce), o ovo e o frango. Despeje em um recipiente e adicione a farinha de aveia. Vá misturando até que fique homogênea. Reserve.

Para o recheio, coloque na panela para refogar no azeite a cebola e o alho. Adicione o frango desfiado, o molho de tomate, sal e pimenta, e deixe ferver até que o molho seque um pouco.

Pegue a massa reservada, forme bolinhas, faça um buraco no meio e recheie. Depois é só fechar em formato de coxinha. Empane na farinha de rosca sem glúten e leve ao forno já preaquecido a 180°C, por cerca de 30 minutos ou até que fiquem douradas.

Crepioca

2 ovos inteiros
2 colheres de sopa de goma de tapioca
2 colheres de sobremesa de chia
orégano, pimenta e sal rosa a gosto.

MODO DE FAZER: Misture todos os ingredientes com um garfo até que a goma de tapioca se desfaça no ovo. Separe em duas metades, para preparar duas porções. Despeje a primeira porção em uma frigideira e leve ao fogo baixo. Deixe a massa ficar cozida e dourada dos dois lados. Repita o mesmo procedimento com a outra porção e sirva em seguida.

Quibe de quinoa

500g de patinho moído
1 xícara de chá de quinoa em grãos
2 xícaras de água
1 cebola grande, cortada em cubos
1 xícara de chá de manjericão
1 xícara de chá de hortelã
sal a gosto

MODO DE FAZER: Ferva a água em uma panela. Coloque a quinoa em grãos e mantenha de 10 a 12 minutos no fogo baixo. Coe e deixe esfriar e crescer. Acrescente a carne, tempere a gosto e misture bem. Adicione o manjericão, a hortelã e a cebola. Leve para assar por 30 a 45 minutos.

Quiche de cenoura com requeijão de búfala

MASSA:
3 colheres de sopa de farinha de arroz
3 colheres de sopa de farinha de quinoa
1 colher de sopa de semente de linhaça
1 colher de sopa de chia
3 colheres de sopa de azeite
3 a 5 colheres de água gelada
sal a gosto

RECHEIO:
1 cenoura ralada
1 caixinha de creme de leite de soja
2 colheres de sopa de requeijão de búfala
1 pitada de noz-moscada
sal e pimenta-do-reino a gosto

MODO DE FAZER: Em uma tigela, misture todos os ingredientes da massa, exceto a água. Vá colocando a água aos poucos, até a massa ficar homogênea. Leve à geladeira por 30 minutos. Passado o tempo de descanso, acomode a massa em uma fôrma de aro removível. Misture todos os ingredientes do recheio e disponha por cima da massa. Asse em forno médio por 30 minutos ou até firmar o recheio.

Pizza sem glúten e sem queijo

5 colheres de sopa de quinoa cozida
200g de frango cozido, desfiado
2 claras
1 ovo
1 colher de sopa de chia ou gergelim
alho desidratado, pimenta-do-reino, orégano e sal a gosto
azeite para untar

MODO DE FAZER: Bata todos os ingredientes, menos a chia ou o gergelim, até virar um creme consistente. Coloque em uma fôrma de pizza média untada com azeite, salpique chia ou gergelim e leve ao forno preaquecido baixo por 20 minutos. Adicione o molho de tomate e o recheio que preferir, e leve de volta ao forno até aquecer o recheio.

DICA: você pode variar bastante suas opções de toppings para pizza. Experimente algumas combinações consagradas e saudáveis, como

- rúcula, tomate-cereja e mozarela de búfala
- frango, requeijão de búfala e orégano
- atum, azeitonas e cebola
- ovo, pimentão, cebola e azeitona
- champignon e queijo pecorino
- palmito e alho-poró
- alcachofra, cebola e abobrinha
- berinjela, tomate e queijo pecorino.

Tapiocas coloridas

500g de goma de tapioca
300ml de suco de sua preferência (couve, cenoura, beterraba, etc.)
sal marinho ou rosa a gosto

MODO DE FAZER: Coloque a goma em uma tigela e adicione o suco escolhido aos poucos e sal a gosto. Vá misturando até o polvilho umedecido se soltar. Passe na peneira até restarem apenas os flocos. Coloque-os em uma frigideira, formando uma camada fina. Vire quando a massa estiver unida. Recheie a gosto, feche e sirva quente. Rende 8 porções.

Nuggets de frango

600g de peito de frango, moído
1 ovo
1 cebola média, picada
quinoa em flocos para empanar
2 dentes de alho, picados
1 colher de sopa de uma mistura de temperos contendo orégano, alecrim, sal rosa e manjericão
1 pitada de cúrcuma
sal marinho ou rosa e pimenta-do-reino a gosto
azeite para pincelar

MODO DE FAZER: Misture todos os ingredientes e deixe por 2 horas na geladeira para apurar o sabor e melhorar a consistência. Retire da geladeira e molde a mistura com as mãos. Asse em um tabuleiro forrado com papel-manteiga pincelado com azeite. Leve ao forno preaquecido por 20 minutos, vire os nuggets e deixe assar por mais 20 minutos.

Antepasto de pimentões

2 pimentões vermelhos
2 pimentões amarelos
2 cebolas roxas
4 dentes de alho, picados
200g de azeitonas verdes, picadas
100g de uvas-passas brancas
150ml de azeite
3 colheres de sopa de vinagre balsâmico
1 colher de sobremesa de orégano
1 colher de chá de açúcar demerara
sal marinho ou rosa e pimenta-do-reino a gosto

MODO DE FAZER: Lave bem os pimentões. Corte as cebolas em cubinhos. Retire as sementes dos pimentões e corte-os em cubinhos. Preaqueça o forno a 200°C. Unte uma assadeira com 3 colheres de sopa de azeite e disponha os pimentões, as cebolas e o alho. Tempere com sal e pimenta, regue com 3 colheres de sopa de azeite e leve ao forno para assar por aproximadamente 30 minutos, mexendo com uma colher na metade do tempo. Nos 10 minutos finais adicione as uvas-passas, o orégano e as azeitonas, e volte ao forno. Depois que os legumes estiverem bem assados, misture tudo em um refratário e acrescente o açúcar, o vinagre balsâmico e o restante do azeite. Prove e acerte o sal, se necessário, e deixe esfriar.

Escondidinho de abóbora vegetariano

MASSA:
2 xícaras de abóbora vermelha, cortada em cubos
⅔ de xícara de farinha de quinoa
1 cebola, picada
3 dentes de alho, amassados
1 colher de sopa de azeite
1 colher de sopa de biomassa de banana verde
sal rosa e pimenta-do-reino a gosto

RECHEIO:
2 xícaras de shiitake, shimeji, cogumelo-de-paris e champignon
1 colher de sobremesa de azeite
1 colher de sopa de mostarda escura

MODO DE FAZER: Cozinhe a abóbora ao ponto de desmanchar. Reserve. Em uma panela refogue no azeite a cebola e o alho. Em seguida, adicione a abóbora, a biomassa, a farinha de quinoa, o sal e a pimenta-do-reino. Mexa até que fique um purê mais grosso. Em outra panela prepare o recheio, refogando os cogumelos e o palmito no azeite, com a mostarda escura. Depois é só montar: intercale uma camada da abóbora com uma camada de recheio e vá completando até que a última camada seja a abóbora.

▲

Torta de legumes

1 berinjela sem casca, cortada em cubinhos
1 abobrinha, ralada
2 tomates, cortados em cubinhos
1 cebola, picada ou ralada
1 cenoura, ralada
salsinha e cebolinha a gosto
1 colher de chá de orégano
2 dentes de alho
½ xícara de semente de chia
½ xícara de azeite
1 xícara de água morna
2 colheres de extrato de soja
2 xícaras de preparado de farinha sem glúten
2 colheres de semente de linhaça dourada, de quinoa em flocos ou de gergelim
1 colher de sopa rasa de fermento
1 colher de chá de açúcar demerara
sal a gosto

MODO DE FAZER: Coloque a chia em um recipiente e adicione a água morna, deixando de molho por 4 horas. Bata no liquidificador a chia hidratada com a água também, o extrato de soja, o açúcar, o sal, o alho e o azeite. Passe para uma tigela grande e misture com a farinha até formar uma massa homogênea. Acrescente os outros ingredientes um a um, incorporando à massa, deixando o fermento por último. Asse em forno médio em fôrma untada até a torta ficar dourada.

ACOMPANHAMENTOS

Legumes e verduras

- [x] FASE 1
- [x] FASE 2
- [x] FASE 3

Salada de couve-flor

1 couve-flor pequena
3 bolinhas de mozarela de búfala, em cubinhos
¼ de cebola, ralada
1 colher de sopa de alho-poró, picado
1 colher de sopa de azeite
sal marinho e noz-moscada a gosto

MODO DE FAZER: Corte a couve-flor em pedaços pequenos em cozinhe no vapor. Espere esfriar. Adicione a mozarela de búfala, a cebola, o alho-poró e misture. Tempere com sal, azeite e noz-moscada.

Salada funcional de brócolis

½ maço de alface-roxa, cortada em tiras finas
2 colheres de sopa de cenoura ralada
1 tomate, cortado em fatias
5 ramos de brócolis cozidos
2 colheres de sopa de sumo de limão
1 colher de sopa de azeite
1 colher de sopa de semente de linhaça

MODO DE FAZER: Coloque a alface em uma travessa e reserve. Misture a cenoura ralada, o tomate fatiado e o brócolis. Acrescente a mistura à alface. Junte em outra tigela o sumo de limão, o azeite e a semente de linhaça. Tempere e sirva.

Salada crocante

4 folhas grandes de alface-americana, cortadas em fatias finas
2 folhas de acelga, cortadas em tiras
1 xícara de palmito fresco, picado (ou conservado em vidro)
1 colher de sopa de sementes de girassol

MOLHO SUGERIDO
2 colheres de sopa de azeite
1 colher de sobremesa de biomassa de banana verde
1 colher de chá de sálvia
1 colher de sopa de cheiro-verde, picado
sal a gosto

MODO DE FAZER: Em uma tigela, coloque a alface, adicione os outros ingredientes (menos as sementes de girassol) e misture bem. Tempere utilizando o molho sugerido, ou outro de sua preferência. Salpique 1 colher de semente de girassol.

Salada verde temperada com molho de abacate

2 maços de alface
¼ de abacate
2 colheres de sopa de azeite
2 colheres de sobremesa de mostarda Dijon
sumo de 1 limão
1 dente de alho
1 colher de chá de sal marinho ou rosa

MODO DE FAZER: Corte a alface em fatias largas e coloque-as em uma tigela grande. Bata o abacate e o azeite no processador de alimentos até a mistura ficar homogênea. Adicione os ingredientes restantes e processe novamente. Jogue o molho sobre a alface e misture bem.

Salada palitos

1 cenoura, cortada em palitos
1 abobrinha italiana, cortada em palitos
8 talos de vagem, cortados em 3 partes
8 tomates cereja
1 colher de sopa de azeite
1 colher de chá de alecrim
sal marinho e pimenta-do-reino a gosto
sumo de limão a gosto

MODO DE FAZER: Cozinhe a cenoura, a abobrinha e a vagem no vapor até ficarem al dente. Resfrie e tempere com azeite, limão, alecrim, sal marinho e pimenta-do-reino. Misture bem. Decore com os tomates-cereja.

▲

Salada de folhas mistas com cogumelos e manga ou abacaxi

◀

1 prato fundo de folhas verdes variadas de sua preferência
1 xícara de cogumelos (paris, champignon, shiitake)
1 fatia de manga ou de abacaxi
8 tomates-cereja
4 cebolinhas, picadas
1 colher de sopa de sementes de gergelim preto
2 colheres de sopa de azeite
1 pitada de sal marinho
sumo de 1 limão

MODO DE FAZER: Monte a salada com os ingredientes e tempere com azeite, sal e limão, deixando um pouco do gergelim para salpicar no final.

Salada do sol

6 xícaras de folhas verdes (alfaces variadas, rúcula, agrião, etc.)
¼ de abacate pequeno, cortado em fatias
½ cabeça de radicchio, picado
broto de girassol ou alfafa para decorar
1 cenoura, ralada
2 unidades de cebolinha com a parte verde-escura e branca, picadinhas

MODO DE FAZER: Arrume num prato as diversas folhas verdes e o radicchio picado. Acrescente o abacate e salpique a cebolinha. Decore com os brotos de girassol ou alfafa e a cenoura ralada.

Legumes assados com azeite e ervas

1 abobrinha italiana, cortada em rodelas
½ berinjela, cortada em rodelas
1 tomate, cortado em cubos
1 cebola pequena, picada
5 ramos de brócolis
5 ramos de couve-flor
1 colher de sopa de azeite
½ xícara de azeitonas pretas sem caroço
sal marinho a gosto
alecrim, orégano, sálvia, estragão e manjericão secos a gosto

MODO DE FAZER: Preaqueça o forno. Espalhe os legumes em um refratário. Adicione o sal, o azeite e as ervas e asse por 30 a 40 minutos ou até que fiquem al dente. Bata as azeitonas no liquidificador ou no processador de alimentos e espalhe sobre os legumes. Sirva quente ou em temperatura ambiente.

Couve-flor de forno

1 couve-flor pequena
1 colher de sopa de azeite
1 colher de sopa de óleo de coco
2 colheres de sopa de cebolinha, picada
algumas gotas de limão
noz-moscada e sal a gosto

MODO DE FAZER: Retire as partes que estiverem escuras. Corte o caule com cuidado: tire apenas as folhas verdes e deixe o cacho o mais inteiro possível. Coloque em uma assadeira redonda, regue com azeite, óleo de coco, sal e noz-moscada. Leve ao forno médio preaquecido e deixe de 40 minutos a 1 hora, até ficar macia. Ao tirar do forno, passe mais um fio de azeite, salpique cebolinha picada e acrescente umas gotas de limão.

Lascas de legumes assados com ervas

1 tomate sem sementes, cortado em gomos
1 cebola, cortada em rodelas
2 berinjelas pequenas, cortadas em rodelas grossas
2 dentes de alho, amassados
1 colher de sopa de azeite
ramos de alecrim
sal e pimenta-do-reino a gosto

MODO DE FAZER: Coloque o tomate, a cebola e as berinjelas em uma assadeira pequena. Misture o alho amassado, espalhe o alecrim e tempere com sal e pimenta-do-reino. Regue com azeite. Em seguida leve para assar no forno a 200°C por 5 minutos. Retire a assadeira e vire os legumes. Deixe mais 3 a 5 minutos ou até dourar. Sirva em seguida.

Berinjela recheada com cogumelos

2 berinjelas médias
1 cebola, picada
200g de cogumelos (shiitake ou shimeji)
4 colheres de sopa de creme de leite de soja
1 pimenta dedo-de-moça sem sementes, picada
azeite e sal a gosto

MODO DE FAZER: Corte as berinjelas ao meio, no sentido do comprimento, e retire a polpa com cuidado. Regue um fio de azeite em cada uma e leve ao forno em fogo baixo por 15 minutos. Refogue a cebola, a polpa da berinjela picada em cubinhos, os cogumelos (se for desidratado precisa hidratar antes, deixando 30 minutos de molho em água quente), a pimenta, o sal e o azeite. A polpa da berinjela vai reduzir bastante de tamanho. Adicione o creme de leite de soja no final. Recheie as quatro metades e leve em forno médio por mais 20 a 25 minutos.

▲

Sopas

☑ FASE 1

☑ FASE 2

☑ FASE 3

Sopa de legumes com agrião

1 ½ litro de água
1 chuchu, bem picado
1 cenoura, bem picada
3 folhas de couve, picadas
1 maço de espinafre, picado
1 maço de agrião, picado
3 tomates, bem picados
sal marinho ou rosa a gosto (opcional)

MODO DE FAZER: Cozinhe todos os ingredientes na água durante 30 minutos. Experimente e, se necessário, tempere com sal. Sirva em seguida.

Sopa de abobrinha

½ colher de sopa de azeite
1 cebola, ralada
1 dente de alho, amassado
1 abobrinha, ralada
1 colher de sopa de sementes de abóbora
1 litro de água
2 pitadas de sal marinho ou rosa

MODO DE FAZER: Aqueça o azeite em uma panela e doure a cebola e o alho. Adicione a abobrinha e deixe refogar. Junte a água, o sal e cozinhe em fogo baixo até levantar fervura. Salpique as sementes de abóbora no momento de servir.

▼

Creme de abóbora com gengibre e leite de coco

5 xícaras de abóbora japonesa sem casca, cortada em pedaços médios
1 cebola grande
1 litro de água
1 colher de sopa de azeite
4 colheres de sopa de leite de coco
1 lasca média de gengibre
1 colher de chá de açafrão-da-terra

MODO DE FAZER: Aqueça o azeite, refogue a cebola e, em seguida, a abóbora. Junte o gengibre e a água. Cozinhe até desmanchar. Espere amornar e bata no liquidificador. Volte a aquecer com o leite de coco e o açafrão. Acerte o sal e sirva.

Sopa de couve-flor com especiarias

1 couve-flor, picada
½ cebola, cortada em cubos
3 colheres de sopa de óleo de coco
1 ½ colher de chá de sal marinho ou rosa
½ colher de chá de curry em pó
½ colher de chá de páprica picante
⅓ de maço de cebolinha verde, picada
pimenta-do-reino a gosto
1 xícara de caldo de legumes caseiro (ver receita abaixo)

MODO DE FAZER: Coloque o óleo de coco numa panela grande e aqueça. Adicione a cebola, o sal e a pimenta-do-reino e deixe murchar. Depois, junte o curry e a páprica e refogue mais um pouco. Acrescente a couve-flor e refogue por alguns minutos. Junte o caldo de legumes e a cebolinha. Cozinhe em fogo baixo até que a couve-flor esteja macia. Bata tudo no liquidificador até a sopa ficar bem homogênea e coloque na panela para ferver. Sirva bem quente.

Sopa de abóbora ao curry

2 colheres de sopa de óleo de coco
1 colher de chá de curry em pó
3 xícaras de abóbora japonesa sem casca
1 colher de sobremesa de gengibre, picado
1 cebola, picada
1 dente de alho, picado
2 xícaras de caldo de legumes caseiro (ver receita abaixo)
4 colheres de sopa de leite de coco
3 colheres de sopa de folhas frescas de coentro ou de salsinha

MODO DE FAZER: Cozinhe a abóbora e, em seguida, bata no liquidificador com o caldo de legumes. Refogue a cebola e o alho no óleo de coco. Adicione a abóbora batida, o gengibre, o curry e o leite de coco, misture e cozinhe até ferver. Adicione as folhas de coentro ou salsinha para finalizar.

Caldo de legumes caseiro

2 litros de água
2 tomates
1 cenoura grande
1 alho-poró
1 aipo
1 pé de bertalha ou espinafre
1 maço de cebolinha
1 maço de salsinha
1 cebola média
4 dentes de alho, triturados
azeite
alecrim a gosto
ervas secas de sua preferência a gosto
sal rosa a gosto

MODO DE FAZER: Pique os legumes. Refogue em um fio de azeite o alho e em seguida adicione a cenoura, os tomates, a cebola, o alho-poró e, por último, as folhas, o alecrim, ervas da sua preferência a gosto e uma pitada de sal rosa. Acrescente a água e deixe cozinhar em fogo baixo até amolecer os legumes (esse cozimento leva em média de 1 hora a 1 hora e meia). Espere esfriar e bata no liquidificador. Se não for usar imediatamente, despeje em fôrmas de gelo e leve ao freezer.

Sopa detox

5 folhas de escarola, rasgadas
3 folhas de couve-manteiga, rasgadas
2 folhas de acelga, rasgadas
2 colheres de sopa de cebola, picada
1 dente de alho, picado
800ml de água
sal marinho ou rosa a gosto
noz-moscada, orégano e páprica a gosto

MODO DE FAZER: Em uma panela antiaderente, refogue a cebola e o alho com um pouquinho de água (não use óleo). Acrescente o restante da água e os temperos e deixe ferver por 5 minutos. Junte a escarola, a couve e a acelga. Cozinhe por mais 3 minutos.

COMENTÁRIO: Você pode variar a combinação das folhas: 5 folhas de escarola, 3 de couve e 2 de repolho; ou 3 folhas de acelga, 3 de repolho e 3 de couve.

Sopa de legumes com abobrinha

1 cebola, ralada
1 dente de alho, picado
1 cenoura, ralada
½ abobrinha, bem picada
½ beterraba, ralada
½ maço de agrião
cebolinha a gosto, picada
azeite
sal a gosto

MODO DE FAZER: Refogue a cebola e o alho com um fio de azeite. Em seguida coloque os demais legumes e deixe refogar por 5 minutos. Acrescente sal a gosto e água até cobrir tudo. Deixe em fogo baixo até cozinhar bem. Retire do fogo, deixe esfriar um pouco e polvilhe cebolinha picada.

Creme de legumes verdes

½ maço de brócolis japonês
1 chuchu
4 folhas de espinafre
2 folhas de couve
500ml de água
1 dente de alho, picado
1 cebola, picada
1 colher de sopa de azeite
salsinha a gosto
sal marinho ou rosa a gosto

MODO DE FAZER: Aqueça o azeite e refogue o alho e a cebola. Junte os legumes, as verduras, a água e o sal. Cozinhe até os legumes ficarem macios. Espere amornar e bata no liquidificador. Aqueça novamente acertando o sal. Sirva polvilhado com salsinha.

Sopa de legumes e verduras

1 cenoura, cortada em cubos
1 chuchu descascado, cortado em cubos
1 xícara de brócolis cozido
2 folhas de couve com os talos, picada
½ xícara de espinafre
1 tomate, picado
1 dente de alho, picado
1 cebola, picada
1 colher de chá de gengibre, bem picado
1 colher de sopa de azeite
salsinha e cebolinha a gosto
1 ½ litro de água

MODO DE FAZER: Coloque a água em uma panela e cozinhe os legumes, o tomate e o gengibre. Em seguida, acrescente a couve e o espinafre, e deixe até murchar. Refogue no azeite o alho e a cebola, e acrescente à panela, juntamente com brócolis, salsinha e cebolinha. Sirva em seguida.

Sopa mix de legumes

3 cebolas grandes
1 talo grosso de salsão
½ repolho grande
3 tomates grandes
1 cenoura grande
1 pimentão grande
2 a 3 litros de água
sal marinho ou rosa a gosto
gengibre ralado a gosto

MODO DE FAZER: Corte os legumes em cubinhos. Em uma panela grande, coloque-os para cozinhar em 1 litro de água. Cozinhe em fogo médio durante 20 minutos – vá acrescentando água à medida que for cozinhando. Quando os legumes estiverem cozidos, acrescente sal e desligue o fogo. Rale o gengibre e acrescente à sopa somente quando for servir.

Creme de brócolis e couve-flor

6 ramos de brócolis
6 ramos de couve-flor
sumo de 1 limão (opcional)
1 litro de água
2 colheres de sopa de semente de linhaça
azeite
ervas aromáticas (salsa, cebolinha, manjericão, orégano) a gosto
sal marinho ou rosa e pimenta-do-reino a gosto

MODO DE FAZER: Coloque numa panela a água, o brócolis e a couve-flor, as ervas e o sal. Cozinhe até amolecer. Bata tudo no liquidificador até obter um creme. Volte a aquecer, acrescentando gotas de sumo de limão, se quiser. Depois de pronto, adicione a pimenta-do-reino, a semente de linhaça e regue com um fio de azeite.

Sopa funcional

1 abóbora japonesa com casca
1 maço de cebolinha
2 pimentões verdes
3 tomates sem pele
1 maço de aipo (ou salsão)
1 repolho grande (ou 1 maço de couve)
1 cebola grande
3 cenouras sem casca
1 nabo (ou bardana) sem casca
3 xícaras de chá de vagem (ou ervilha fresca)
sal marinho ou rosa a gosto
pimenta-de-caiena e curry a gosto
salsa e sálvia a gosto

MODO DE FAZER: Pique as folhas e os legumes. Coloque tudo numa panela, cubra com água e ferva por 10 minutos. Abaixe o fogo, mantendo o ponto de fervura por 40 minutos. Tempere a gosto.

Sopa de legumes com beterraba

1 cenoura, cortada em pedaços bem pequenos
1 beterraba, cortada em pedaços bem pequenos
1 tomate, picado
1 cebola, picada
1 litro de água
sal marinho ou rosa a gosto (opcional)

MODO DE FAZER: Coloque todos os ingredientes em uma panela de pressão e cozinhe por 40 minutos. Retire da pressão se os legumes estiverem bem cozidos e bata no liquidificador. Volte a aquecer, verifique se precisa de sal e sirva quente.

SOBREMESAS
para o fim de semana

☑ FASE 2

☑ FASE 3

Gelatina de alga ágar-ágar

1 litro de suco de fruta (manga, mamão ou uva)
1 colher de sopa de ágar-ágar (à venda em lojas de produtos naturais)
1 pitada de sal
1 punhado de passas

MODO DE FAZER: Misture tudo e deixe ferver por 3 a 5 minutos. Não pare de mexer. Em sucos ralos, acrescente mais 2 colheres de café de ágar-ágar. Dilua o ágar-ágar no suco à parte e acrescente depois que o suco já estiver fervido.

DICA: Fica delicioso com suco de uva integral (verifique o rótulo e dê preferência às versões integrais sem açúcar, conservantes ou corantes)

Gelatina de chá verde com cubinhos de abacaxi

1 sachê de gelatina em pó incolor e sem sabor (15g)
2 xícaras de chá verde pronto para beber (sem açúcar)
2 colheres de sopa de xilitol para forno e fogão
2 rodelas de abacaxi, picadas

MODO DE FAZER: Dissolva a gelatina em 1 ½ xícara de chá verde e espere 4 minutos. Em seguida, leve ao fogo em banho-maria por 4 minutos. Retire do fogo e misture o restante do chá verde e do adoçante. Coloque em taças na geladeira para endurecer. Quando for servir, distribua os cubinhos de abacaxi nas taças.

Gelatina de romã com ágar-ágar

500ml de suco de romã
1 xícara de chá de suco de laranja
2 colheres de sobremesa de ágar-ágar
1 xícara de chá de uvas sem caroço, cortadas ao meio
2 colheres de chá de xilitol para forno e fogão

MODO DE FAZER: Em uma panela misture o suco de romã, o suco de laranja, o ágar-ágar e o açúcar demerara ou adoçante. Mexa até dissolver o açúcar e o ágar-ágar. Em seguida leve ao fogo até levantar fervura, mexendo de vez em quando. Cozinhe por 5 minutos. Distribua as uvas sem caroço em 8 taças e complete com a mistura de suco de romã e ágar-ágar. Leve à geladeira por 3 horas e sirva.

Gelatina de frutas variadas

300g de abacaxi, cortado em cubinhos
200g de banana-nanica, picadas em rodelas
2 colheres de sopa de sumo de limão
2 envelopes de gelatina incolor e sem sabor
½ xícara de água
180ml de suco de laranja coado
100g de morangos cortados em fatias

MODO DE FAZER: Leve o abacaxi ao fogo brando, deixando que cozinhe no próprio suco, com a panela tampada, até que fique macio. Tire do fogo e reserve. Regue a banana com o sumo de limão para que não escureça. Reserve. Coloque a gelatina numa tigela e cubra com a água, deixando diluir por 5 minutos. Em seguida, ferva metade do suco de laranja. Junte a gelatina diluída ao suco de laranja fervido, mexendo sempre. Tire do fogo, acrescentando o suco de laranja restante, e misture bem. Coloque ¼ dessa mistura no fundo de uma fôrma com capacidade de 2 litros e leve à geladeira por 10 minutos até firmar. Retire da geladeira, espalhe os cubinhos de abacaxi por cima, formando uma camada uniforme, cubra com mais ¼ de gelatina e deixe novamente na geladeira para firmar. Repita esse procedimento, alternando agora o morango, a gelatina e a banana, finalizando com uma camada de gelatina. Deixe na geladeira por 2 horas no mínimo. Desenforme e sirva.

Creme de manga

1 manga palmer
2 a 3 colheres de sopa de leite de coco
½ colher de chá de açafrão-da-terra
1 colher de chá de linhaça ou de chia
1 pitada de goma xantana (opcional)

MODO DE FAZER: Descasque a manga e bata todos os ingredientes no liquidificador. Se quiser a textura de uma mousse, mais aerada, adicione a goma xantana depois de bater todos os ingredientes, e bata mais um pouco. Deixe na geladeira por 3 horas antes de servir.

Gelatina de hibisco com chia

2 xícaras de chá de hibisco (1 colher de sopa da erva + 500ml de água quente)
1 colher de sopa de semente de chia
2 colheres de chá de ágar-ágar
2 sachês de adoçante à base de xilitol para forno e fogão

MODO DE FAZER: Coloque o chá de hibisco adoçado com xilitol em uma panela e adicione 2 colheres de chá de ágar-ágar. Leve ao fogo, mexendo sempre e, quando levantar fervura, adicione a semente de chia. Despeje em um recipiente e leve à geladeira até que endureça.

Creme de banana e morango

1 banana congelada
2 morangos
1 colher de sobremesa de amêndoas em lascas (opcional)

MODO DE FAZER: Retire a banana do congelador 3 minutos antes de bater. Em seguida, bata no liquidificador com os morangos até virar um creme. Sirva com as lascas de amêndoas.

DICA: Esta receita pode ser feita usando-se manga ou mamão no lugar dos morangos.

Romeu e julieta

2 goiabas vermelhas cortadas em rodelas
1 xícara de água
2 colheres de chá de xilitol
2 fatias de queijo de minas ou ricota de búfala

MODO DE FAZER: Em uma panela, coloque as goiabas e vá cozinhando em fogo baixo, adicionando a água aos poucos, até a fruta desmanchar. Adicione o xilitol. Para servir, jogue a calda de goiaba por cima de cada fatia de queijo.

Suspiro

6 claras de ovo
2 colheres de chá de xilitol
sumo de 1 limão
2 colheres de café de essência de baunilha

MODO DE FAZER: Bata as claras em neve e adicione o sumo de limão, a essência de baunilha e o adoçante. Coloque a massa em um saco de confeiteiro e monte os suspiros em uma fôrma forrada com papel-manteiga. Leve ao forno preaquecido a 180°C até que os suspiros fiquem dourados.

Compota de frutas vermelhas

2 xícaras de chá de frutas vermelhas (mirtilo, framboesa, amora, morango)
½ xícara de água
1 colher de chá de xilitol

MODO DE FAZER: Deixe as frutas vermelhas cozinhando em fogo baixo. Vá adicionando ao poucos a água. Quando as frutas estiverem cozidas, desligue o fogo e adicione o adoçante. Leve à geladeira por 2 horas antes de servir.

Mousse de maracujá funcional

140ml de leite de coco
2 maracujás médios
2 colheres de sobremesa de ágar-ágar
4 sachês de adoçante à base de xilitol

MODO DE FAZER: Bata no liquidificador o leite de coco, os maracujás e o adoçante. Por último, adicione o ágar-ágar e mexa bem. Despeje em um recipiente e leve à geladeira até que endureça.

Salada de frutas de forno

1 banana
1 maçã
1 fatia de abacaxi
canela a gosto

MODO DE FAZER: Corte as frutas em tiras/lascas. Salpique canela à vontade e leve ao forno preaquecido a 180°C por 30 a 40 minutos.

Compota de maçã

5 maçãs
7 sementes de cardamomo (descasque-as e use só as bolinhas de dentro)
3 paus de canela
3 a 4 xícaras de água

MODO DE FAZER: Descasque as maçãs (não jogue as cascas fora: coloque em uma panela com água e 1 pau de canela e prepare um chá), corte em cubos e leve ao fogo com a canela e as sementinhas do cardamomo. Complete com água só até cobrir as maçãs. Cozinhe em fogo alto, e quando elas estiverem macias e a água estiver quase seca, pode desligar o fogo. Guarde em um pote de vidro e deixe esfriar antes de colocar na geladeira.

FASE 3

Brownie

1 colher de sopa de linhaça
½ xícara de água
¾ de xícara de farinha de arroz
6 colheres de sopa de amido de milho (ou outro amido ou fécula)
1 xícara de açúcar (de preferência açúcar de coco ou demerara) ou de xilitol
2 colheres de sopa de alfarroba em pó
2 colheres de chá de fermento
½ colher de chá de CMC (substância vendida em pó para dar liga em massas sem trigo)
¼ de xícara de óleo
¾ de xícara de leite de coco
1 colher de sopa de essência de baunilha
óleo e farinha para untar

MODO DE FAZER: Leve ao fogo a água e a linhaça. Quando ferver, abaixe o fogo e deixe cozinhar por um ou dois minutos. A água fica meio turva. Despeje a linhaça já fervida com a água em uma vasilha. Com um fouet (batedor de claras), bata até formar uma espuma.
Em outra vasilha misture os ingredientes secos. Em uma terceira, os ingredientes líquidos. Adicione aos secos a goma de linhaça e a mistura dos ingredientes líquidos. Bata em velocidade média por 1 minuto.
Asse em fôrma quadrada de 20cm, untada e enfarinhada, em forno preaquecido a 180°C, por aproximadamente 30 minutos ou até que, ao enfiar um palito no centro, ele saia limpo.

▼

Muffin de cenoura com nozes

120g de farinha de arroz integral
125g de fécula de batata
15g de polvilho doce
10g de fermento em pó
30g de farinha de amêndoas
50g de nozes, picadas com as mãos
180g de ovo
20ml de óleo de coco
120g de cenoura
130g de açúcar

MODO DE FAZER: Peneire a farinha de arroz integral, a fécula de batata, o polvilho doce e o fermento em pó. Junte a farinha de amêndoas e as nozes; reserve. Bata no liquidificador o açúcar, os ovos, o óleo de coco e a cenoura. Acrescente os outros ingredientes secos e vá misturando com uma colher até obter uma massa homogênea. Despeje em forminhas para muffin e asse em forno preaquecido a 180°C por cerca de 25 minutos.

Picolé de banana

2 bananas-prata
60ml de leite de coco

MODO DE FAZER: Bata os ingredientes no liquidificador ou no processador e coloque em forminhas de picolé. Leve ao congelador até que endureça.

Fondue/mousse/sorvete de chocolate

1 xícara de chocolate com 70% de cacau
1 xícara de biomassa de banana verde (se usar uma barrinha de 80g de chocolate, use 2 colheres cheias de biomassa)
2 colheres de sopa de leite de coco

MODO DE FAZER: Derreta o chocolate em banho-maria ou no micro-ondas, adicione o leite de coco e misture até ficar homogêneo. Adicione a biomassa e mexa bem. Ela vai ficar aerada. Se quiser mais cremoso, adicione mais leite de coco. Se quiser mousse, leve à geladeira. Se quiser sorvete, leve ao freezer. Se quiser fondue, leve ao fogão ou ao micro-ondas por mais um minutinho para ficar quente.

Torta mousse de chocolate

2 abacates maduros
500g de chocolate amargo, derretido
1 xícara de coco ralado
4 bananas grandes bem maduras

MODO DE FAZER: Bata as frutas no liquidificador até obter um creme. Depois adicione o coco e o chocolate amargo derretido. Volte a bater até o creme ficar homogêneo. Leve ao congelador em uma fôrma de fundo removível e sirva quando estiver bem gelada.

Cocada cremosa de maracujá

250g de coco natural, ralado
250ml de suco de maracujá (retire a polpa, bata no liquidificador e coe)
⅓ de xícara de açúcar de coco ou de xilitol
⅓ de xícara de leite de coco

MODO DE FAZER: Coloque na panela o coco, o sumo de maracujá e o açúcar. Leve em fogo alto até ferver, depois reduza ao fogo médio por cerca de 20 minutos ou até o suco começar a secar. Vá mexendo de vez em quando para não queimar no fundo. Quando chegar a esse ponto, com um pouco de caldo ainda, adicione o leite de coco, mexa bem e retire do fogo.

▲

Muffin de coco

4 ovos inteiros
2 claras
1 xícara de açúcar de coco
1 garrafinha de leite de coco
1 ½ xícara de farinha de coco
3 colheres de sopa de coco chips
4 colheres de sopa de óleo de coco
2 colheres de chá de fermento

MODO DE FAZER: Bata as claras em neve. Adicione o restante dos ingredientes, sendo o fermento por último. Despeje em forminhas untadas. Leve ao forno a 180°C por 25 a 40 minutos.

Bolo de chocolate com biomassa de banana verde

250g de biomassa de banana verde
5 ovos
5 colheres de sopa de açúcar de coco ou de xilitol
5 colheres de sopa de alfarroba
100g de castanhas-do-pará, picadas
2 colheres de sopa de fermento em pó
óleo para untar

MODO DE FAZER: Bata a biomassa com os ovos no liquidificador. Em uma tigela, adicione a alfarroba, o açúcar, o fermento e a mistura batida. Por último, acrescente as castanhas-do-pará. Despeje em uma fôrma untada e leve ao forno em temperatura média (180°C a 200°C) por 25 minutos.

Conclusão

Vocês conseguiram!

Chegaram juntos ao final deste livro, que será o ponto de partida para uma vida mais saudável e mais plena. Agora que completamos esta jornada, espero ter transmitido a vocês as vantagens de embarcarem juntos nesse caminho da alimentação funcional e consciente. Fazendo as escolhas certas e tendo o apoio do companheiro, fica bem mais fácil encontrar os recursos necessários para um dia a dia cheio de saúde.

O impacto de um estilo de vida mais saudável no corpo físico, na disposição e na relação como um todo

Emagrecimento e reeducação alimentar são processos constantes, para a vida toda. Normalmente, na minha clínica, costumo dar alta aos meus pacientes quando percebo que eles incorporaram os novos hábitos e de fato mudaram sua forma de pensar a relação com a comida.

Não é apenas o peso que determina a alta, e sim a mudança que vejo quando os casais conseguem administrar sozinhos seu dia a dia alimentar com tudo que ele tem de desafiador: não só ocasiões especiais – como idas a restaurantes, festas e viagens –, mas também a rotina e a falta de tempo e de criatividade, problemas de que ninguém está completamente livre.

Encontrem uma forma de acompanhar a manutenção das suas conquistas. O peso e as medidas devem ser periodicamente monitorados (sem neuras), mas também fiquem atentos para a possível volta dos sintomas que foram banidos durante o plano dos casais. Para isso, conte com a ajuda da sua cara-metade, compartilhando os momentos de dificuldade e pedindo auxílio quando for necessário, inclusive na detecção dos sintomas. Sejam amorosos um com o outro, sem cobranças excessivas e sem exigências que causem mais atrito do que proximidade e cumplicidade.

O estilo de vida que tentei demonstrar ao longo destas páginas traz muitos benefícios concretos. Seguindo os passos aqui descritos vocês terão melhora da qualidade do sono e da digestão, mais energia para as atividades físicas e melhora de taxas sanguíneas, como colesterol e glicose – o que se reflete em prevenção de doenças. A mudança de hábitos vai se expandir para a casa toda, atingindo inclusive os filhos e as pessoas próximas.

O compromisso de zelar pela saúde um do outro: um ato de amor

Muitas coisas estão em jogo quando nos comprometemos em um relacionamento a dois. Uma delas é a vontade de passar a maior parte da vida ao lado daquela pessoa que escolhemos para dividir nossos dias. Amamos nosso parceiro e queremos ficar juntos até a velhice, e nisso está implícito o compromisso de zelar pela saúde do outro.

Demonstre interesse pela saúde do seu parceiro, dê suporte e apoio, mostre que você se importa e que está pronto para ajudar. No entanto, leve em consideração que cada um tem seu tempo e dê espaço para que seu parceiro faça escolhas diferentes das suas. Seja tolerante e respeite as diferenças.

Muitas vezes, os homens, com sua objetividade típica, não conseguem compreender as flutuações cíclicas de humor da sua parceira, e são rigorosos ao não perdoar os deslizes dela. As mulheres, por outro lado, tendem com frequência a querer controlar absolutamente tudo a respeito da alimentação dos homens, não deixando para eles a opção de escolher um ingrediente sequer, monitorando de forma excessiva tudo o que eles ingerem. Tomem cuidado para não cair nessas armadilhas – elas são motivadas pelas melhores intenções, mas mesmo assim podem ser nocivas. Quando o cuidado é exagerado demais, o relacionamento fica em risco. Sejam compassivos e compartilhem seus medos e inseguranças.

Como partes de um casal, vocês são a maior influência um do outro. Por isso o compromisso deve estar bem fortalecido, para que essa influência seja exercida com sabedoria e, sobretudo, amor. Só assim os resultados poderão ser alcançados no longo prazo e vocês serão de fato *felizes para sempre*.

Dúvidas frequentes

Por que reduzir a proteína animal?

Porque ela é cheia de gordura saturada e com o potencial inflamatório característico dos alimentos de origem animal sobre nossas células e nosso equilíbrio orgânico. As dietas ricas em produtos de origem animal podem causar uma série de problemas de saúde que vão desde o aumento do risco de doenças cardíacas e certos tipos de câncer até o favorecimento de enfermidades autoimunes, além de acelerar o processo de envelhecimento orgânico e facilitar o ganho de peso.

Dois estudos publicados recentemente na revista *Cell Metabolism* mostraram que uma dieta rica em proteínas de carnes e produtos lácteos pode promover a ocorrência de cânceres e reduzir significativamente a expectativa de vida. Uma equipe de pesquisadores estudou o consumo de proteína de americanos por quase 20 anos. A análise mostra que os maiores consumidores de proteína animal ficaram quatro vezes mais propensos a morrer de câncer, em comparação com aqueles que tiveram uma dieta pobre em proteína animal. Os pesquisadores concluíram que o excesso de proteína é tão perigoso quanto o tabagismo.

O consumo de proteína animal vem se tornando exagerado também entre os praticantes de dietas que incluem seu consumo excessivo, já que ela provoca a sensação de saciedade, sem atentar para o fato de que isso causa um desequilíbrio do pH do organismo. O pH é a medida da acidez ou alcalinidade do nosso corpo e deve ser equilibrado. Os processos metabólicos produzem ácidos, por isso é importante priorizar os alimentos alcalinizantes. O excesso de acidez, uma das consequências diretas do consumo de proteína animal, além do de açúcar e alimentos processados, afeta nossa saúde no nível celular, nos deixando mais cansados e suscetíveis a doenças. Os alimentos acidificantes favorecem ainda a perda, via urina, de cálcio, mineral que coordena nossas contrações musculares e o ritmo cardíaco. O cálcio, presente na sua forma orgânica em legumes e verduras verdes, pode garantir a preservação dos ossos e permitir que as contrações musculares se deem de maneira mais suave e eficiente.

A famosa dieta mediterrânea, a mais estudada em todo o mundo, tem como uma das principais características a pouca ingestão de proteína animal. Estudos relacionam a dieta tradicional mediterrânea a longevidade, redução de mortalidade por doenças cardiovasculares e câncer, menor índice de diabetes e retardo do envelhecimento cerebral. Além de todas essas vantagens, hábitos alimentares com pouca presença de gordura saturada são excelentes para a perda de peso.

Minhas necessidades proteicas serão supridas com a proteína vegetal?

O maior medo que as pessoas têm ao embarcar numa dieta vegetariana é o de não atingir a necessidade nutricional diária de proteínas e consequentemente ter perda de massa muscular. A recomendação nutricional, porém, é de que se tenha um consumo bem menor do que se costuma supor, especialmente da proteína animal. Como podemos, então, calcular a nossa verdadeira necessidade diária do nutriente?

A quantidade mínima de proteína a se consumir por dia é de 0,8 a 1,2 grama por quilo de peso. Ou seja, uma pessoa de 70 quilos deve ingerir entre 56 e 70 gramas de proteína por dia. Com os dados de composição corporal de cada indivíduo, é possível calcular esse índice com mais precisão.

A maioria das pessoas obtém a quantidade diária necessária de proteína ao consumir 2 copos de leite vegetal dos shakes, mais 2 colheres de sopa de castanhas, mais 2 colheres de servir de quinoa ou lentilha cozidas.

Como suprir minhas necessidades de cálcio sem consumir laticínios?

O cálcio é o principal nutriente associado à saúde óssea, mas não é o único. Para que ocorra uma boa mineralização óssea, o organismo precisa de vários minerais e vitaminas: magnésio, zinco, manganês, potássio, boro, vitaminas K, D e C, silício e ômega-3.

A alimentação deve ser o mais variada possível para que o organismo consiga obter todos os nutrientes necessários. As folhas verde-escuras são grandes alimentos para os ossos: couve, rúcula, espinafre, agrião e chicória unem em sua composição praticamente todas as vitaminas e os minerais importantes para a saúde dos ossos, principalmente cálcio, magnésio e vitaminas K e C. E, ao contrário do que acontece com os laticínios,

QUANTIDADE MÉDIA DE PROTEÍNA EM CADA PORÇÃO DE ALIMENTO

ALIMENTO	TAMANHO DA PORÇÃO	QUANTIDADE DE PROTEÍNA
Carnes		
Bife bovino	100g	35g
Peito de frango	100g	32g
Coxa de frango	120g	27g
Asa de frango	100g – 3 unidades	16,2g
Carne de frango cozida	100g – 5 col. sopa	37,5g
Filé de peixe	100g	27g
Atum em lata	100g – 5 col. sopa	25g
Ovos e laticínios		
Ovo grande	1 unidade	6g
Leite desnatado	200ml	6,4g
Requeijão light	25g – 1 col. sopa	3,3g
Queijo parmesão	30g – 1 fatia	10,8g
Queijo de minas frescal	30g – 1 fatia	5,1g
Feijões e outros grãos		
Tofu	30g – 1 fatia	2,4g
Leite de soja	200ml	4g
Feijões	60g – 1 concha pequena	2,4g
Grão-de-bico	50g – 1 col. servir	4g
Quinoa cozida	50g – 1 col. servir	6,3g
Ervilha	50g – 1 col. servir	2,5g
Lentilha	50g – 1 col. servir	3,2g
Soja cozida	50g – 1 col. servir	7,3g
Nozes e sementes		
Amêndoa	10g – 1 col. sopa	2g
Castanha-de-caju	10g – 1 col. sopa	1,9g
Castanha-do-pará	10g – 1 col. sopa	1,5g
Noz	10g – 1 col. sopa	1,4g
Semente de abóbora	10g – 1 col. sopa	3g
Semente de linhaça	10g – 1 col. sopa	1,4g
Semente de girassol	10g – 1 col. sopa	1,7g

o cálcio dos alimentos de origem vegetal tem melhor biodisponibilidade, ou seja, é de mais fácil absorção. As nozes, as castanhas e as sementes como gergelim e girassol, e cereais integrais como aveia e quinoa, também contêm boas quantidades de cálcio, zinco, magnésio e silício. A sardinha é um peixe riquíssimo em cálcio e ômega-3.

Após os 35 anos começamos a apresentar redução da densidade óssea, portanto devemos dar atenção maior a esses alimentos e nutrientes para evitarmos problemas de osteoporose e osteopenia.

Preciso fazer complementação com suplementos vitamínicos?

Os suplementos vitamínicos, na imensa maioria dos casos, são indicados. No entanto, apenas um profissional deve prescrevê-los, atendendo às particularidades de cada pessoa. Quem já faz uso de vitaminas pode continuar, durante o plano, sem alterações. Quem não faz pode considerar o uso de alguns suplementos indicados com muita frequência, como ômega-3 de boa procedência (óleo de peixe), vitamina D_3, magnésio (muito difícil obter toda a quantidade de que precisamos apenas com a alimentação) e probióticos.

Se a perda de peso for rápida, irei recuperá-lo na mesma velocidade?

A perda rápida pode ocorrer porque a alimentação na primeira etapa é desintoxicante, e é possível que seja a primeira vez na sua vida que você deixe de comer alimentos tão enraizados na nossa alimentação, como ovos, frango, queijo e pão. Um organismo saturado com uma dieta repetitiva e com alimentos a que nosso corpo já perdeu a tolerância gera muita retenção de líquido, inflamação e, com isso, resistência à perda de peso. Dar "férias" para seus órgãos de eliminação (fígado, intestino, os do sistema linfático, etc.), mesmo que por apenas uma semana, provoca resultados realmente surpreendentes. Além disso, diferentemente do que se pensa sobre reganho de peso, estar livre de toxinas acelera o metabolismo e a perda de peso continua a acontecer – o que é ótimo, afinal, temos mais duas etapas pela frente!

Se eu já for vegetariano também irei perder peso?

Sim. A alimentação na primeira etapa não é apenas vegetariana, mas vegana, ou seja, não entra nenhum produto de origem animal, como queijo, leite ou ovo. Isso também proporcionará ao vegetariano grandes mudanças. Fora isso, o corpo de um vegetariano, mesmo sem ingerir proteína animal, pode estar intoxicado especialmente pelo consumo de agrotóxicos, corantes, conservantes, produtos industrializados, tabagismo, uso de medicamentos, etc.

Posso ter queda de cabelo por não consumir proteína animal na primeira fase do programa?

Não. O cardápio é rico em proteína de origem vegetal, portanto não há inadequação de proteínas no cardápio. A Fase 1 dura muito pouco tempo para uma queda de cabelo significativa.

A dieta vegetariana em tempo integral ou mesmo na segunda fase do programa, com duração de meia semana, pode trazer algum risco à saúde?

Não. Pelo contrário, a dieta vegetariana pode trazer vários benefícios para a saúde, se estiver balanceada e correspondendo às quantidades adequadas de proteínas e calorias para cada indivíduo.

Comer menos proteína animal pode diminuir o colesterol?

Sim. Níveis de colesterol são menores em vegetarianos, que portanto têm risco menor de doenças cardiovasculares e melhores níveis de circulação e pressão arterial. Mas sempre há a necessidade de fazer exames, pois o colesterol muito baixo pode prejudicar a síntese de hormônios sexuais.

A dieta vegetariana previne o câncer?

Em parte, sim. O consumo de uma quantidade excessiva de carnes está ligado à maior incidência de diversos tipos de câncer pelo alto teor de gordura saturada que essa proteína contém, pela forma de preparo (quando muito bem passado) e por outras toxinas. Há que se ter um equilíbrio no consumo de proteínas animais e vegetais para um benefício melhor para a saúde.

É necessário fazer suplementação de vitaminas e minerais ao se tornar vegetariano?

O único nutriente que necessita ser suplementado na dieta vegetariana é a vitamina B_{12}, mas apenas quando o indivíduo não consome ovos, leite e derivados. Todos os demais nutrientes, inclusive as proteínas, o zinco e o ferro, são obtidos com a introdução de alimentos específicos na dieta vegetariana.

Vegetarianos têm problemas com a falta de ferro?

Não. A dieta vegetariana, ao contrário do que muitos pensam, não é pobre em ferro, mas esse ferro não é do tipo que tem disponibilidade alta e rápida. Portanto, a absorção desse mineral precisa ser otimizada. Para isso, inclua sempre uma fonte de vitamina C junto com uma fonte de ferro. Deve-se evitar o consumo de chás que contenham cafeína (chá branco, chá verde, chá preto, chá vermelho, chá-mate) junto com as refeições, pois ele inibe a absorção de ferro. Além disso, os grãos de cereais integrais, assim como os feijões, devem ser deixados de molho na água por pelo menos 12 horas, para que o seu teor de ácido fítico seja reduzido, pois esse ácido reduz a absorção do ferro ingerido.

Castanhas engordam?

Depende da quantidade a ser ingerida. As oleaginosas – nozes, castanhas, amêndoas, macadâmia – são ricas em gordura, e portanto calóricas. O ideal é consumir 30 a 50 gramas ao dia. Elas oferecem gorduras saudáveis que ajudam a dar saciedade, reduzem o colesterol, auxiliam na mobilidade, evitam lesões e ainda contribuem para melhorar a memória e a concentração.

Por que essa dieta tem tanto carboidrato? Carboidrato não engorda?

A Dieta dos Casais é rica em legumes, verduras, frutas, grãos integrais e leguminosas. Embora esses alimentos sejam fontes de carboidratos, eles também contêm vitaminas, minerais, fitonutrientes e fibras. Os carboidratos refinados, porém, são menos nutritivos e tendem a liberar muito açúcar na corrente sanguínea. Além disso, como são pobres em fibras, não saciam tanto, promovendo um consumo exagerado, dependência e ganho de peso. É o caso de alimentos como pães, bolos e doces, que não fazem parte desse plano alimentar. A Dieta dos Casais prioriza fontes de carboidratos de baixa carga glicêmica, ou seja, que não liberam açúcar de forma rápida, sendo assim mais benéficos para o corpo.

Não vivo sem café! O que fazer?

O café é um alimento acidificante e o objetivo da Fase 1 da Dieta dos Casais é desintoxicar e alcalinizar o organismo, auxiliando na perda de peso. Por isso, o ideal é evitar o café nesse início, substituindo-o por chá nos sete primeiros dias do programa. Depois desse período pode-se voltar com o consumo gradualmente. Mas você notará uma diminuição na necessidade de cafeína e é possível que opte por não reintroduzir o café em sua dieta.

Índice de receitas

Água aromatizada borbulhante 162
Água aromatizada calmante 162
Água aromatizada cítrica 162
Água aromatizada com manga 162
Água aromatizada de maçã com canela 162
Água aromatizada refrescante 162
Água aromatizada saborosa 162
Antepasto de pimentões 193
Arroz integral com cenoura e tofu 174
Arroz negro com palmito 174
Barquinhas de endívia com camarão 189
Batata assada rápida 189
Berinjela recheada com atum light 179
Berinjela recheada com cogumelos 199
Biscoitos com salmão defumado 189
Bolinho de grão-de-bico 170
Bolo de chocolate com biomassa de banana verde 211
Brownie 209
Camarões condimentados 179
Carne com cogumelos 183
Carpaccio de salmão incrementado 179
Chá branco com limão e hortelã 164
Chá de *Citrus aurantium* com garcínia e canela 164
Chá de erva-cidreira com anis-estrelado e limão 165
Chá de folha de amora com *Centella asiatica* e cavalinha 164
Chá de ginseng com marapuama e laranja 165
Chá de goji berry com hibisco e gengibre 164
Chá de hibisco com maçã e canela 164
Chá de jasmim com cravo-da-índia e alcaçuz 165
Chá verde com limão e canela 165
Cocada cremosa de maracujá 211
Compota de frutas vermelhas 208
Compota de maçã 208
Couve-flor de forno 199
Coxinha fit 190
Creme de abóbora com gengibre e leite de coco 200
Creme de banana e morango 207
Creme de brócolis e couve-flor 204
Creme de legumes verdes 203
Creme de manga 207
Crepioca 190
Croquete assado de frango 181
Escalope com cebola caramelizada 184
Escondidinho de abóbora vegetariano 194
Espetinho caprese 176
Espetinho de camarão e abacaxi 177
Espetinhos de frango ao molho de tofu 183
Filé ao molho de mel com mostarda 183
Filé ao molho de rúcula 183
Fondue/mousse/sorvete de chocolate 210
Frango ao curry com abacaxi 181
Frango xadrez 181
Gelatina de alga ágar-ágar 205
Gelatina de chá verde com cubinhos de abacaxi 205
Gelatina de frutas variadas 206
Gelatina de hibisco com chia 207
Gelatina de romã com ágar-ágar 205
Lascas de legumes assados com ervas 199
Legumes assados com azeite e ervas 198
Leite de aveia 168
Leite de castanha 168

Leite de coco 168
Leite de inhame 168
Leite de quinoa 168
Maminha ao forno com mostarda 184
Moqueca rápida 180
Mousse de maracujá funcional 208
Muffin de cenoura com nozes 210
Muffin de coco 211
Nuggets de frango 193
Omelete com funghi secchi 177
Omelete de claras 176
Ovos mexidos ao açafrão 176
Pão de queijo funcional 187
Pão de queijo sem queijo 187
Picolé de banana 210
Pipoca de micro-ondas sem óleo 187
Pizza sem glúten e sem queijo 191
Quibe assado com amaranto recheado de vegetais 186
Quibe de quinoa 190
Quiche de cenoura com requeijão de búfala 191
Quinoa com alho e cogumelo shimeji 171
Risoto integral de aspargos 174
Romeu e julieta 208
Rosbife e legumes grelhados 185
Salada crocante 195
Salada de couve-flor 195
Salada de ervilha com cenoura 172
Salada de feijão-fradinho com cebola roxa e molho de mostarda 173
Salada de feijão-fradinho e pimentão 173
Salada de folhas mistas com cogumelos e manga ou abacaxi 196
Salada de frutas de forno 208
Salada de lentilha 172
Salada de quinoa com brócolis 171
Salada do sol 196
Salada funcional de brócolis 195
Salada palitos 196
Salada verde temperada com molho de abacate 195
Salgado da saciedade 188
Shake de abacaxi com coco 169
Shake de banana com morango 169
Shake de maracujá com coco 169
Shake de pera 169
Shake de romã 169
Shake verde de maçã com abacaxi 169
Sopa de abóbora ao curry 201
Sopa de abobrinha 200
Sopa de couve-flor com especiarias 201
Sopa de legumes com abobrinha 203
Sopa de legumes com agrião 200
Sopa de legumes com beterraba 204
Sopa de legumes e verduras 203
Sopa detox 203
Sopa funcional 204
Sopa mix de legumes 204
Suco de morango, melão, linhaça e água de coco 167
Suco refrescante de kiwi e abacaxi 167
Suco verde com abacaxi e gengibre 167
Suco verde com água de coco e aipo 167
Suco verde com água de coco e pimenta 166
Suco verde com água de coco, kiwi e gengibre 167
Suco verde com aipo e pera 166
Suco verde com cenoura e maçã 167
Suco verde com frutas vermelhas e aipo 167
Suco verde com maçã, limão e gengibre 167
Suco verde com melão e pepino 167
Suco verde com pepino, limão e maçã 166
Suco verde com pera e limão 167
Suspiro 208
Tabule de quinoa 172
Tapiocas coloridas 193
Torta de legumes 194
Torta de quinoa com grão-de-bico 173
Torta mousse de chocolate 210

Agradecimentos

Em primeiro lugar, agradeço à Editora Sextante pela confiança no meu trabalho e por apostar num projeto inovador para a editora e para mim também. O movimento para o início deste livro aconteceu há dois anos, e, para quem tem o hábito de lidar com o atendimento pessoalmente, transformar as mesmas orientações em algo compreensível para um público muito mais amplo foi um verdadeiro desafio.

Um imenso obrigada à minha família. Sou muito grata em especial ao meu marido, Jonny, por tanto incentivo, torcida e admiração, e também por se dedicar aos filhos na minha ausência ao longo deste trabalho.

Agradeço aos meus pais por sempre me incentivarem na busca pelo novo e me encorajarem a não ter medo de desafios, me fazendo acreditar que eu podia me dedicar integralmente e com muita paixão a qualquer novo projeto que surgisse.

Sou muito grata à Dra. Elisabeth Ayoub, que me deu a primeira oportunidade de acompanhar uma prática clínica quando eu estava montando meu consultório particular.

Depois que criei o plano alimentar da Dieta dos Casais, precisei contar com a colaboração de alguns casais para colocá-lo em prática. Agradeço a Ana Paula e Gustavo, Bárbara e Leonardo, Luana e Luiz Maurício, Natalia e Rafael, Carla e Vitor, por terem participado dessa iniciativa junto comigo. Sei quanto estão felizes por terem mudado suas vidas ao longo do projeto.

Muito obrigada à chefe Manu Alves pela revisão de algumas receitas e pelas lindas fotos.

Realizamos uma ótima parceria com a butique de frutas La Fruteria, o restaurante Alessandro e Frederico e a Rádio Ibiza, que nos cederam gentilmente seu espaço para as fotos dos casais e que são parceiros de trabalho também.

Não posso deixar de agradecer às pessoas especiais da minha equipe, que de alguma forma colaboraram com o livro: Samara e Livia, do marketing; as nutricionistas Thais, Débora, Bruna Albuquerque e Gabriela França; além de Thais Branquinho, também nutricionista, meu braço direito e esquerdo, que me ajudou a conduzir o laboratório de casais com conhecimento e dedicação ímpar.

Este livro foi composto em tipos Aleo,
Roboto e Rawengulk e editado na primavera
de 2015 no Rio de Janeiro.